# 天狗と修験者

## 山岳信仰とその周辺

宮本袈裟雄

JN095324

法蔵館文庫

本書は一九八九年三月一〇日、人文書院より刊行された。
なお、この度の刊行に際して、一部誤記誤植等の訂正を
施した箇所がある。

目次

# 天狗と修験者——山岳信仰とその周辺

# I　修験道の展開

㈠

修験道は、原始山岳信仰をもとに、仏教・道教・陰陽道などが習合して形成された日本独自の民族宗教であり、かつ山岳修行を通して超自然的・霊的な能力を獲得し、それをもとに人々の悩みを究極的に解決しようとする宗教であるといえよう。また「日本の山岳信仰の一形態。山岳に登拝修行することにより並ならぬ験力を獲得する道、かつその力を得たものへの帰依信仰をいう」(『日本民俗事典』)とも称されているように、山岳修行者、修験者を中心とした宗教といえる。けれどもこうした定義も曖昧模糊としたものであり、修験道の全貌、なかでもその周辺部・輪郭を明確にしたことにはならず、むしろ周辺部・輪郭を明確にすることは至難のわざといえる。そのため庶民信仰史や庶民生活史を解明する際に、修験道との結びつき、修験道の影響を説くことで事足りたとする安易な傾向も認められ、こうした傾向はかえって修験道自体の把握を困難なものにさせる。

とはいえ、その原因が実践の宗教ともいわれる修験道そのものに内在し、修験道が内包する庶民信仰との共通性と、さらには修験道を取巻く状況や時代の相違によって表出させる形態・内容の相違が少なくないことなども、修験道の全貌・輪郭を明確化することを困難にさせている要因として見逃すことができない。

修験道が一般に教祖・教義・教団をもって規定される仏教やキリスト教などの成立宗教・創唱宗教などと相違し、地域社会を基盤とする民俗宗教と近似している顕著な点として、次の二つを挙げることができよう。その一つは教祖の問題であり、修験道では役行者（役小角・神変大菩薩）を開祖とするが、これも修験者たちが次第に結集し組織化されるようになるに従って不動の地位を得たものである。各地の山岳に依拠する修験の間では、白山の泰澄、出羽三山の能除大師、日光の勝道上人、英彦山の法蓮などをはじめとして、役行者以外に開祖・開山を求めている場合が多く、そうした開山とされる人物自体も、当時多数の修行者が存在したなかの傑出した人物とみるほうが妥当な見解といえよう。

第二は教義や教理である。一般に教義が神の啓示、神の教えと理解されるのに対し、修験道では他宗教でいうところの教理や教義はなく、修験者自身が修行のなかから体得するところにその本義がある。確かに修験道教義と通称されているものもあるが、しかしそれらの多くは、修験者の修行・衣体・儀礼（修法）・法具などを解説したもので、密教理論によって説かれたものが多いといえよう。いずれにしても修験道は修験者たちを中核とする宗教であり、仏教・神道・陰陽道・道教・民俗宗教などの諸宗教と密接な関連を保ち、山岳信仰史や時代の流れのなかで把握されなければならない性格を有しているといえる。そこで、修験道の中心と周辺を考慮しながら、まず多様な修験道のあり方を概観してみることにする。

㈡

周知のごとく、修験は山伏とも称され、むしろ山伏という名称の方がより一般的といえる。また行者とも呼ばれ、古くは山臥《さんが》・験者《げんざ》・山の聖などとも称されている。これらの名称は、修験の性格・形態が多様であることを示しながらも、その一方で山臥・山伏は山岳と不可分に結びついていることを示し、行者は修行者としての性格、験者は彼等がもっている呪的能力を表わすというように修験者のもつ性格のある側面を強調したものと理解することも可能である。ただし行者・聖・験者などが修験・山伏と完全に一致しているわけではなく、むしろ、そうした山と結びついた宗教的職能者の総体が修験道を形づくっていると称しても過言ではない。いずれにしても、前述したように修験・山伏は、山中に籠って修行し、並ならぬ験力を得たものを指し、この点は歴史を貫いて認められる修験道の特性といえよう。しかし、その表出の仕方が時代によって、あるいは修験を取りまく環境の相違によって異なっていることも先に述べた通りである。

修験道の修行についてみると、最初から山中を練行して歩く抖擻《とそう》修行、回峰修行が行われていたのではない。当初は、修験者が各自の考え方にもとづいて山籠し、岩屋（洞窟）に籠ったり滝に打たれるなど、様々な修行が行われていたと思われる。

たとえば那智山の七滝・四八滝と称されるような滝修行はよく知られたもので、花山法皇・文覚上人・良尊法印などが千日参籠修行をしたと伝えている。また英彦山の般若窟・蔵持窟などの四十九窟も初期の山岳修行を示す好例で、法蓮上人が般若窟に籠って十二年にわたって修行し、木練上人は一千日の間玉屋窟で臥伏《ふせぶせ》の修法を修めたと伝えている。

しかし、修験者たちが次第に結集し組織化が進むに従って、洞窟・岩場・滝などの行場が相互に結び付けられ、それらを跋渉する回峰修行・抖擻修行が形成されたのであり、その代表的なものが熊野三山・大峰山・吉野金峰山を跋渉する修行形態といえよう。そして吉野から大峰に向かう修行を「従レ果向レ因」ところの逆峰、熊野より大峰に向かう修行を

「従ㇾ因向ㇾ果」ところの順峰とする考え方も生じ、こうした順逆二峰の考え方も各地の修行道場に伝えられた。さらには地獄・餓鬼の世界から菩薩・仏の世界に至るまで、仏教が説く各種の世界と修行内容とを対応させた十界修行なども出来あがったのである。

概して山岳修行などは岩屋などに籠る静的な修行と、山頂を目指す登頂修行というべき形態、山中を跋渉する修行とに分けることができ、このうち回峰修行が最も修験道らしい修行といえる。また中世迄の山岳修行は苦行性が強く、山岳修行を第一義とする理念と現実とがほぼ一致していたといえるのであるが、近世期に入ると理念と現実との差が顕著になり、全体としては山岳修行を懈怠する傾向が強まる。延宝二年（一六七四）、信濃国埴科郡和合院に宛てた本山よりの法度に「入峰懈怠なく修行致すべく候。手前富貴にて入峰仕らざる者には吟味の上、過役懸け申すべく候」とあるごとく、しばしば入峰修行を促す法度書が出されており、修験者のなかには山岳修行を資格獲得のための修行あるいは儀礼と位置づける場合も認められる。

山岳修行に表われたこのような推移は、対庶民の宗教活動にも反映されている。つまり修行を通して体得した験力・超自然的力が人々の依頼に応じて執行する宗教活動の中心にあり、経典類などは排除される存在であった。しかし修験の間でも多数の経典類・符呪類が伝えられているごとく、修行の苦行性が弱まることと反比例する形で諸経典・符呪類への依存が高まり、それらが無くしては宗教活動も行えないような状態も出現している。別の言い方をすれば一般的傾向として修験の宗教活動も験術型から祈禱型へ推移してきたといえる。こうしたことは、享保七年（一七二二）、本山派触頭より出された法度書に、入峰修行の催促・衣体法具の順守とともに、檀那との付き合い・祈禱料最花《さいか》銭《せん》の規定・修験者の平生の心懸け等々が述べられていることからも窺うことができよう。しかしその一方で、修験の間では大日如来の化身とされる不動明王が最も多く祀られ、それと一体化した観想のもとで諸修法が行われることからすれば、シャーマン的性格も修験の本来的姿の一つといえるのではなかろうか。

もちろん修験道を理解するためには、これまで述べてきた修験者の性格とともに、修験道組織や山岳信仰なども考慮しなければならない。このうち修験道の組織についてみると、それは天台系本山派、真言系当山派、諸山（派）との三つに大別できる。天台系本山派は聖護院門跡を頂点として、院家・院室・先達・公卿・年行事・御直末院・准年行事・役僧触頭・諸同行などの別に分かれ（「修験十二箇条」）、院家が全国に霞をもち、重要な国に先達、郡に年行事・准年行事をおき同行を支配していたとされるごとく（宮家準『山伏――その行動と組織』）、ほぼ一円支配体制組織をとっていた。

一方当山派は、中世には教王山世義寺・吉野桜本坊・内山永久寺・飯道寺岩本院・同梅

修験道の略展開

| 歴史的区分 | 時代 | 制　度・組　織 | 山　岳　修　行 | 宗教活動 |
|---|---|---|---|---|
| 第一段階 | 古代 | 山岳修行の禁止<br>同　　容認<br>山岳仏教の隆盛 | 不定形な山岳修行 | 験術型宗教活動の優越 |
| 第二段階 | 中世 | 山岳修行者の結集<br>修験道の組織化<br>（本山派・当山派・諸山（派）） | 回峰修行・抖擻修行の成立<br>十界修行の成立 | |
| 第三段階 | 近世 | 修験道法度<br>修験道組織の進展・確立<br>富士講・御嶽講の成立 | 苦行性の希薄化<br>山岳修行の懈怠が顕著<br>俗人の登拝が盛んになる | 祈禱型宗教活動の優越<br>恒常的師檀関係の成立 |
| 第四段階 | 近代 | 神仏分離・修験道の禁止<br>（天台真言への帰入，還俗，復飾）<br>扶桑教・御嶽教の公認 | 山岳修行の衰退 | 宗教活動の中止・変容 |
| 第五段階 | 現代 | 宗教法人令の公布<br>各種修験教団の成立 | 山岳修行の再興 | |

本院をはじめとする三六正大先達が支配するところであったが、近世期には一二正大先達に減少し、それに反比例する形で醍醐寺三宝院門跡が抜きんでた存在となる。しかしいずれの場合も当山派は大寺支配、袈裟筋支配をとり、なかには修験兼帯と称して真言宗寺院でありながら修験道にも所属している例も少なくない。これら本山・当山両派は熊野三山・大峰山・金峰山を修行の根本道場とし、ほぼ全国的規模で組織をすすめてきた。

この二派に対して、諸山（派）とみなされるのは、出羽三山・英彦山・日光山・白山などをはじめ、各地の山岳に依拠する修験集団で、出羽三山や英彦山のごとく修験が一山の支配的立場を保持する場合もあれば、一山組織の一部として修験が位置付けられている場合もある。いずれの場合も本山・当山両派のごとく、山岳を離れて組織されることがなく、あくまで山岳を中心に組織していること、さらには全国的規模での組織化がなされなかった点で、本山・当山二派とは大きく異なっている。ちなみに出羽三山の場合をみると、ここでは羽黒山に依拠する天台系修験と湯殿山を中心とする真言系修験に分かれており、前者の羽黒修験は清僧方・妻帯方・諸国末派修験とに分かれている。さらに山上・山麓の清僧・妻帯両修験は末派修験の取りたて、守札や巻数を発行する権利をもつ在庁と、そうした権利を有しない御師とに大別されているという（戸川安章『出羽三山修験道の研究』）。いずれにしても、羽黒修験は東北地方を中心として関東・中部と広範な信仰圏を形成しており、座主《ざす》を頂点として惣方・行者方・衆徒方に分かれる英彦山修験も、九州一円に膨大な檀那を形成している。

こうした羽黒・英彦山修験に限らず、各地の山岳に依拠する修験者たちは、近世期において修行者としての性格を著しく喪失させた御師として、各地に多数の講社を成立させ、それぞれの山岳に対する庶民の信仰を集める上で大きな役割を果たしてきた。こうした御師や、本山・当山二派に所属するといえども修行者としての性格を喪失させ、村の祈禱師・呪術師としての性格を強めた修験者たちが修験道の周辺部を構成し、さらに彼等に対する信徒・信者を加えて修験道が成立しているといえよう。

また修験道の歴史において、慶長十八年（一六一三）に江戸幕府よりだされた修験道法度と、明治元年の神仏分離令、同五年の修験道廃止令は、その後の修験道界のあり方を決定づけるものであったが、この点に関しては後述することにしよう。

㈢

これまで修験道の大要について述べてきたが、次に関東地方の修験道について概観し、修験道の全体からみた関東地方の特徴と思われる点を指摘することにしたい。

さて、関東地方においては、宏大な平野を取り囲む形で、北から筑波山・八溝山・日光山・赤城・榛名・妙義の上毛三山・三峰山・武州御嶽山・高尾山・大山など、古代より霊山・名山とされてきた山々が少なくない。それらいずれの山岳も修験道と密接な関連をもって発展してきたと称しても言い過ぎではなく、武州御嶽山には蔵王権現が祀られていることからしても、大和の金峰山に対する国御嶽的存在とみなすことができる。しかしながら、いずれの山岳も中世以前の様子を伝えているものは少なく、修験道が最も盛んであった時期において如何なる状態であったかは必ずしも明らかではない。とはいえ、今日に伝える遺跡や遺物を通して、多数の修験者が入峰修行に励んでいたであろうことは推定できる。なかでも日光山は関東地方最大の修験道道場であるが、近世期には東照宮が建立されるなど特殊な地位におかれたため、入峰修行が修験一般に開放されることがなく、特異な存在といえる。

ところで慶長から元和にかけて、江戸幕府は諸宗寺院法度を次々と公布し、宗教界に対する幕府の優位性を確立したのであるが、なかでも比叡山・高野山・戸隠山をはじめ、多数の修験者が結集している山岳に対しては特に意が注がれ、その勢力を抑える政策がとられている。そのなかで相州大山に対して二度の法度がだされていることは注目されることで、関東地方において大山が中世以来かなりの勢力を保持してきたことを示すものであろう。しかし諸宗寺院法度を契機として、各地の山岳は修験の道場的性格を著しく後退させたものと思われる。また聖護院・三宝院に対してだされた修験道法度も、近世初頭に頻発する本山・当山両派の争いを鎮める意図をもちながら、同時に修験道界で優位にあった本山派の力を抑え、二派並立を制度的に確定させたところに大きな意味がある。

ともあれ、近世期の関東地方の山岳は①日光山のように修験道道場としての性格を濃厚に表出させている山岳、②御師組織を発達させ、各地に講社を成立させた山岳、③三峰山や八菅山のように修験道本山派組織に組み込まれた山岳、④山麓部を中心とした小範囲にその信仰がとどまっている山々とに大別できるが、なかでも赤城・榛名・妙義の上毛三山、古峰原・武州御嶽・三峰山あるいは大山などのように、御師組織を発達させ、広範な地域に多数の講社を成立させた山々が多い点も、関東地方の修験道が示す特色の一つといえるのではなかろうか。

一方、全国的規模で組織化した修験道本山・当山両派についてみると、関東地方は両派にとって、その組織を支える重要な基盤であったとみることができる。たとえば『踏雲録事』が伝える本山派諸国先達職は、都合二九カ院が記載されており、そのうち一六カ院と半数以上の先達が関東地方にあり、とりわけ武蔵国には一一カ院が存在する。これらの修験寺院は、中世迄遡る由緒ある修験寺院が多く、配下に多数の修験を抱え、勢力ある修験であったことはいうまでもない。また天保二年（一八三一）の「本山派近代先達次第」では、総計五三三八カ院の修験が記され、東北地方の一八七七カ院に次いで、関東地方が一七九七カ院と多く、なかでも武蔵国が五四一カ院と、関東地方の三分の一にのぼっている（宮家準、前掲書）。これらのことからみて、本山派では関東地方において早い時期から活発な組織化を展開したものと考えられ、文明年間（一四六九～一四八七）の聖護院門跡道興の廻国が組織化の上で重要な意味をもっていた点が既に指摘されている（萩原龍夫「道興准后と信仰」『駿台史学』49所収)。

これに対し当山派修験の実数は明らかではない。けれども文化元年(一八〇四)の「高演大僧正入峰行列記」(『修験道章疏』所収)には、諸国から数千人の修験が参集したとあり、六三五カ院の院名が記されているほか、「薩州供山伏一五〇人」とか「~年番組」「御山内五一坊」「御近衆供廻数百人」などと記されている点からして、数千人は誇張があるにしても、それに近い多数の当山派修験が集まったものと思われる。このなかで院名が記された六三五カ院のうち、江戸の一三一カ院を筆頭に武蔵国七〇カ院、上野三五カ院など、都合三五〇カ院が関東地方の修験で占められており、本山派と同様、当山派においても関東地方が重要な位置を占めていたことは明らかである。このような多数の修験者は、江戸市中をはじめ関東地方の農村に散在し、村氏神の別当職をつとめ祈願檀家を有して定期的な廻檀を行ったほか、幅広い宗教活動を展開してきたのである。

これまで述べてきた関東地方の修験道について、その特色を要約するならば、次のようにまとめることができよう。つまり関東平野の周辺に位置する山々が、平野部を中心として多数の講社を成立させてきたこと、本山・当山両派に羽黒派を加えた三派が平野部に多数の末派修験を組織し、各派の重要な基盤としてきたこと、以上の二点を特色として挙げることができよう。さらに近世中期以降、新興の修験道勢力とも称すべき木曾御嶽行者や富士行者などが関東地方を中心として教線を拡大していることも第三の特色として加えることができる。

しかし明治初年の神仏分離、それに続く修験道廃止によって、わずかな修験が復飾して神職に転じたか、あるいは天台真言両宗へ帰入したのであるが、そのほかの多くの修験は還俗《げんぞく》・帰農化し、宗教活動を中断してしまっている。こうした点が修験道史の復元を一層困難なものとさせている要因であり、今後はわずかに伝える修験道史（資）料を発掘し、比較研究を推し進めていかなければならない。それが単に修験道史の復元に役立つばかりではなく、庶民の信仰史を明らかにする上でも、重要な役割を果たすものと思われる。

# Ⅱ　天狗伝承

# 1　鬼と天狗――『今昔物語』を中心として

## 鬼と天狗のイメージ

今日、鬼と天狗とは、長い歴史を背景に負う妖怪の一種とされているが、民俗的世界においては、昔話や伝説などの口承文芸をはじめ、修正会・節分・祭り・神楽などの諸行事・諸芸能に数多くの鬼や天狗が登場しており、それぞれ重要な役割を果たしている。それらの鬼や天狗は、ある部分では共通の性格を示し、他の部分では相違するというように、それぞれが一定のイメージをもっているといえよう。

鬼のイメージとしては、角を生やした恐ろしい形相で、鉄棒を持ち虎の褌や腰巻を付けた赤・青の鬼といった姿が最も一般的といえるが、こうしたイメージをもつ鬼は巨人で、剛力の持ち主というイメージもあわせ持っていると思われる。これに対してもう一つのイメージは〈餓鬼〉のイメージといえよう。つまり皮と骨とだけに痩せ衰えた亡者、あるいは皮と骨だけに痩せ衰えながら腹部だけが異様に脹れた亡者というイメージである。こうした〈餓鬼〉は仏教の説く地獄・餓鬼の思想が強調され普及したことによって一般化してきたものとみることも可能であろう。仏教では無間・大熱・炎熱などの八熱地獄があり、その一つ一つの熱地獄には糖煨《とうい》・屎糞《しふん》・鋒刃《ほうじん》・烈河《れつか》の四副地獄があるとされているほか、八寒地獄なども説かれている。そして地獄に落ちた亡者は熱・寒さ・剣・湯などの様々な責め苦に苛まれるというのである。また欲ばりで嫉妬深い人が落ちる世界が餓鬼道とされ、そこには鑊身《かくしん》・食吐《じきと》・食気などの様々な餓鬼がいて、永久に飢渇に苦しむとされており、こうした地獄・餓鬼の思想は、前者の赤鬼・青鬼のイメージ形成にも、亡者を責めたてる鬼という点ではそれ

餓鬼（『餓鬼草子』〈摸本〉東京国立博物館蔵）
（「ColBase」https://colbase.nich.go.jp）

を助長したものといえる。けれども日本の鬼のイメージが後述のごとく、単に仏教の力のみによって形成されたとは思われない。

一方天狗に対する一般的なイメージは、鬼のイメージとは大分様相を異にしたものといえよう。一般に大天狗と称されるものは、赤ら顔で鼻が長く、山伏のような服装をして高下駄をはき、羽団扇を持って自由自在に空中を飛行するものであり、背に羽をつけ鳥のような喙をもった天狗も一般的なものと思われる。

いずれにしても、今日一般的に抱かれる鬼・天狗のイメージは次第に形成されてきたもので、歴史的には鬼の方がより早い時代に登場し、一般化したといえる。つまり、本来的には荒ぶる神、人々に災禍をもたらす霊が鬼と称され、後に死者の世界を構成する死霊としての鬼が観念されるようになったとされている（和歌森太郎「山と鬼」『和歌森太郎著作集』2）。また『古事記』『日本書紀』『万葉集』など上代の文学に表われる鬼を検討した馬場あき子氏は、異形のもの、形をなさぬ感覚的な存在や力、神と対をなすもの、辺土異邦の人、笠に隠れてみるもの、死の国へみちびく力という六つの形があると指摘しており（『鬼の研究』）、李活雄氏は、日中の鬼観念を比較しながら日本の鬼の系譜図を作成し、地獄・霊魂・周辺の民と三系統の鬼に大別している（「中国の鬼・日本の鬼」『日本人の原風景』所収）。そしてある意味では『今昔物語』の頃が鬼に対するイメージの分岐点ともなり、あるいは鬼の活躍した全盛期であったといえるのではなかろうか。

## 『今昔物語』の鬼と天狗

『今昔物語』には数々の説話が収録されており、巻二十の「本朝　付仏法」には天狗の話、巻二十七の「本朝　付霊鬼」には鬼の話がそれぞれ数多く掲載されている。このうち鬼については前代からの性格を引き継ぎながら、様々な性格が認められ、怪異現象の主たる原因を鬼に求めていると称しても過言ではない。登場する鬼は夜の世界を支配し、人々を殺して食う存在として描かれており、なかでも家などの主《ぬし》、人や油瓶、板など様々なものに変化する存在とされている点が注目される。そこでまず『今昔物語』が語る鬼の一例として「三条ノ東ノ洞院ノ鬼殿ノ霊ノ語《コト》第一」をみることにしよう。

今昔《ハ》、此ノ三条ハヨリ北、東ノ洞院《ヒムガシトウヰン》ハヨリ東ノ角《ヒムガシスミ》ハ鬼殿《オニドノ》ト云《イフ》所也。其ノ所ニ霊《リヤウ》有《アリ》ケリ。

其ノ霊《リヤウ》ハ、昔《ムカ》シ未ダ此ノ京ニ都移《ウツリ》モ无カリケル時、其ノ三条東《ノヒムガシ》ノ洞院ノ鬼殿ノ跡ニ、大《オホキ》ナル松ノ木有《アリ》ケリ。其ノ辺《ホトリ》ヲ男ノ、馬ニ乗《ノリ》テ胡録《ヤナグヒ》負《オヒ》テ行《アル》キ過《スギ》ケル程ニ、俄ニ雷電霹靂《ライデンヘキレキ》シテ、雨痛《イタ》ク降《フリ》ケレバ、其ノ男否《エ》不過《スギ》ズシテ、馬ヨリ下《オリ》テ、自《ミヅカ》ラ馬ヲ引《ヒカ》ヘテ、其ノ松ノ木ノ本ニ居《ヰ》タリケル程ニ、雷《イカヅチ》落《オチ》懸リテ、其ノ男ヲモ馬ヲモ蹴割敍《クエサキコロ》シテケリ。然《サ》テ、其ノ男、ヤガテ霊《リヤウ》ニ成《ナリ》ニケリ。

其ノ後《ノチ》、移有《ウツリアリ》テ、其ノ所、人ノ家ニ成《ナリ》テ住ムト云ヘドモ、其ノ霊《リヤウ》其ノ所ヲ不去《サラ》ズシテ、于今《イマ》ニ霊《リヤウ》ニテ有《アリ》ト人ハ語リ伝ヘタル。極《キハメ》テ久ク成《ナリ》タル霊也《リヤウナリ》カシ。

然レバ、其ノ所ニハ度《ド》々《ド》不吉《ヨカラ》ヌ事共有《ドモアリ》ケリトナム語リ伝ヘタルトヤ。

（『日本古典文学大系』）

ここでは死んだ人の霊が鬼となり様々な怪奇を生むとされている。しかし鬼となるのは死霊だけではない。「猟師ノ母、成鬼擬噉子語《オニトナリテコヲクラハムトセルコト》」では、猟師を食おうとして、かえって弓矢で射切られた手が実は母親の手であったという話が語られており、「此レハ、母ガ痛《イタ》ウ老ヒ耄《オ(イ)ホレ》テ、鬼ニ成《ナリ》テ子ヲ食《クラハ》ムトテ、付《ツキ》テ山ニ行《ユキ》タリケル」もので、「然レバ人ノ祖《オヤ》ノ年痛《イタ》ウ老《オイ》タルハ必ズ鬼ニ成《ナリ》テ此《カ》ク子ヲモ食《クラ》ハムト為《ス》ル也《ナリ》ケリ。」とあるごとく、年老いた人の生霊も鬼となるものと考えられていた。

鬼の活躍する世界は前述のごとく夜の世界が主たるものであるが、鬼の出没する場所は様々で、「参官朝庁弁《クワンノアサマツリゴトニマヰリシ》、為鬼被噉語《オニノタメニクラハレタルコト》」にみるごとく内裏にまで出没している。しかし鬼の棲処となると一定の傾向をもち、「在原ノ業平ノ中将ノ女、被噉鬼語《オニニクハレタルコト》」に「北山科《ヤマシナ》ノ辺《ホトリ》ニ旧キ山庄ノ荒《アバレ》テ人モ不住《スマ》ヌガ有《アリ》ケルニ、其ノ家ノ内ニ大《オホキ》ナルアゼ倉有《アリ》ケリ」て、そこに鬼が住み、その倉が「人取リ為《ス》ル倉」であったということや、あるいは「従東国上《トウゴクヨリ》リシ人、値鬼語《オニニアヘルコト》」に「人モ不住《スマ》ヌ大キナル家有《アリ》ケリ、万《ヨロヅ》ノ所皆荒《アバレ》テ人住《スミ》タル気《ケハヒ》无シ」のところが鬼の棲処とされているごとく、人気のないあばら家が鬼の棲む場所とみられている。その意味では、人と鬼との住み分けがなされており、鬼の棲処に侵入したために食い殺されたり取り憑かれるなどの災禍をまねくことが少なくなかったとみることができる。

『今昔物語』に登場する鬼は、目に見えない霊的存在で、それが人や板など様々なものに形を変えて登場するのであるが、今日一般にイメージされている鬼の姿も認められる。「近江ノ国ノ安義ノ橋ナル鬼、噉人語《ヒトヲクラヘルコト》」では、橋の上にいて「薄色《ウスイロ》ノ衣ノ□ヨカナルニ、濃キ単《ヒトヘ》・紅《クレナヰ》ノ袴長ヤカニテ、口覆《オホヒ》シテ破《ワリ》無ク、心苦気《クルシゲ》ナル眼見《マミ》ニテ女居《ヰ》タリ、打長《ウチナガ》メタル気色《ケシキ》モ哀気《アハレゲ》」な女性が実は鬼であり、その本当の姿は「面ハ朱ノ色ニテ、円座ノ如ク広《クシ》テ目一ツ有リ。長《タケ》ハ九尺許《バカリ》ニテ、手ノ指《オヨビ》三ツ有リ。爪ハ五寸許《バカリ》ニテ刀ノ様《ヤウ》也。色ハ禄青《ロクシヤウ》ノ色ニテ、目ハ琥《ク》珀《ハク》ノ様《ヤウ》也。頭《カシラ》ノ髪ハ蓬《ヨモギ》ノ如ク乱レテ、見ルニ、心《ムネ》・肝《キモ》迷《マド》ヒ、怖《オソロ》シキ事無限《カギリナ》シ」と一つ目のカラフルな色彩をもつ巨人に描きだされているが、こうした例はこの一例のみである。いずれにしても『今昔物語』のなかで鬼の登場する話は全体的に人を食い殺すなど陰惨なものが多いといえる。

一方『今昔物語』に登場する天狗は、仏教の異端者、修法の妨げとなる魔性として描かれている。つまり仏・法師・僧・聖などに変化したり、人に憑く存在であるが、高僧や高貴な人間に調伏されてしまう存在でしかなく、たとえ天狗を祀ることによって幻術を得ることができたとしても、その幻術も結局のところは仏教に調伏されてしまうというものである。しかし天狗の棲処を山中としている点や、空中を自由自在に飛行できると見ている点では、中世以降次第に形成されてくる天狗像の萌芽が認められると考えられる。

『今昔物語』に登場する天狗の一例として、だいぶ長くはなるが「震旦ノ天狗智羅永寿、渡此朝語《コノテウニワタレルコト》」を紹介しておくことにする。

今ハ昔、震旦《シンダン》ニ強キ天宮《テング》有《アリ》ケリ、智羅永寿《チラヤウジュ》ト云フ、此ノ国ニ渡《ワタリ》ニケリ。

此ノ国ノ天狗《テング》ニ尋ネ会《アヒ》テ、語《カタリ》テ云《イハ》ク、「我ガ国ニハ止《ヤム》事无キ悪行《アクギヨウ》ノ僧共数《ドモアマタ》有レドモ、我等ガ進退《シンダイ》ニ不懸《カカラ》ヌ者ハ无シ。然レバ、此ノ国ニ渡《ワタリ》テ、修験《シュゲン》ノ僧共《ドモ》有リト聞クハ、『其等ニ会《アヒ》テ、一度力競《クラベ》セム』ト思フヲ、何《イカ》ガ可有《アルベ》キ」ト。此ノ国ノ天狗、此レヲ聞《キキ》テ、「極《キハメ》テ喜《ウレシ》」ト思《オモヒ》テ、答《コタ》ヘテ云《イハ》ク、「此ノ国ノ徳行《トクギヤウ》ノ僧共《ドモ》ハ、我等ガ進退《シンダイ》ニ不懸《カカラ》ヌハ无シ。捩《レウ》ゼムト思ヘバ、心ニ任《マカセ》テ捩《レウ》ジツ。然レバ、近来可捩《コノゴロレウズベ》キ者共《ドモ》有リ、教ヘ申サム。己《オノレ》ガ後《シリヘ》ニ立《タチ》テ御《オハ》セ」ト云《イヒ》テ行ク。後《シリヘ》ニ立《タチ》テ、震旦ノ天狗モ飛《ビ》行ク。比叡《ヒエ》ノ山ノ大嶽《オホダケ》ノ石ノ率都婆《ソトバ》ノ許《モト》ニ飛《ビ》登《ノボリ》テ、震旦ノ天狗モ此《ココノ》天狗モ道ノ辺《ホトリ》ニ並居《ナミヰ》ヌ。

此《ココ》ノ天狗、震旦ノ天狗ニ教フル様《ヤウ》、「我レハ人ニ被見知《ミシラレ》タル身ナレバ、現《アラハ》ニハ不有《アラ》ジ、谷ノ方《カタ》ノ藪ニ隠《カクレ》テ居《ヰ》タラム。其《ソコ》ハ老《オイタル》法師ノ形ト成《ナリ》テ、此《ココ》ニ居《ヰ》給テ、通ラム人ヲ必ズ捩《レウ》ゼヨ」ト教ヘ置《オキ》テ、我レハ下ノ方《カタ》ノ藪ノ中ニ、目ヲ側《ソバ》ニシテ隠居《カクレヰ》テ見レバ、震旦ノ天狗、極気《イミジゲ》ナル老《オイタル》法師ニ成《ナリ》テ、石ノ率都婆《ソトバ》ノ傍ニ曲《カガマ》リ居《ヲ》リ。眼見《マミ》糸《イト》気踈気《ケウトゲ》ナレバ、「少々ノ事ハ必ズ為《シ》テム」ト見ユレバ、心安ク喜《ウレ》シ。

暫許《シバシバカリ》有レバ、山ノ上ノ方《カタ》ヨリ、余慶律師《ヨキヤウリッシ》ト云フ人、罥輿《タコシ》ニ乗《ノリ》テ、京ヘ下《クダ》ル。此ノ人ハ只今貴《タフトキ》思《オボ》エ有《アリ》テ、「何《イカ》デ捩《レウ》ゼム」ト思フニ、極《キハメ》テ喜《ウレ》シ。漸ク率都婆《ソトバ》ノ許《モト》過《スグ》ル程ニ、「事為《スラムカ》シ」ト思《オモヒ》テ、此ノ老《オイタル》法師ノ方《カタ》ヲ見レバ、老《オイタル》法師モ无シ、亦、律師モ糸《イト》平《ラカ》ニ弟子《デシ》共数《ドモアマタ》引キ具シテ下《クダリ》ヌ。恠《アヤシ》ク「何《イカ》ニ不見《ミ》カエヌニ有ラム」ト一思《オモヒ》テ、震旦ノ天狗ヲ尋《タズネ》タレバ、南ノ谷ニ尻ヲ逆様《サカサマ》ニテ隠レ居《ヲ》リ。此《ココ》ノ天狗寄《ヨリ》テ、「何《ナ》ド此《カク》ハ隠レ給ヘルゾ」ト問ヘバ、答フル様《ヤウ》、「此ノ過《スギ》ツル僧ハ誰《タ》ゾ」ト問ヘバ、此《ココ》ノ天狗、「此レハ只今ノ止《ヤム》事无キ験者《ゲンジヤ》余慶律師ト云フ人也。山ノ千寿院《センジユキン》ヨリ内ノ御《ミ》修法《シユホフ》行ヒニ下《オ》ル、也。貴キ僧ナレバ『必ズ恥見トセム』ト思ヒツル物ヲ、口惜ク過《スグ》シ給ヒツルカナ」ト云ヘバ、震旦ノ天狗、「其ノ事ニ侍《ハベリ》トヨ。『者ノ躰《テイ》ノ貴気《タフトゲ》ニ見エツルハ此レニコソ有《アル》メレ』ト喜《ウレ》シク思《オボ》エテ、『立出《タチイデ》ム』トテ見遣《ヤリ》ツルニ、僧ノ形ハ不見《ミエ》ズシテ、罯輿《タコシ》ノ上ノ、高ク燃エタル火ノ焔《ホノホ》ニテ見エツレバ、『寄《ヨリ》テハ火ニ被焼《ヤカレ》モコソ為《ス》レ。此レ許《バカリ》ハ見過《スグ》シテム』ト思《オモヒ》テ、和《ヤハ》ラ隠《カクレ》ヌル也」ト云ヘバ、此《ココ》ノ天狗疵咲《アザワラヒ》テ云《イハ》ク、「遥ニ震旦ヨリ飛ビ渡《ワタリ》テ、此許《カクバカリ》ノ者ヲダニ引キ不転《マロバサ》ズシテ過《スグシ》ツル、糸弊《イトツタナ》シ。此ノ度《タビ》ダニ、渡ラム人必ズ引キ留《トドメ》テ捩《レウ》ゼヨ」ト。震旦ノ天狗、「尤《モトモ》宣《ノタマ》フ事理《コトワリ》也。吉シ、見給ヘ、此ノ度《タビ》ハ」ト云《イヒ》テ、初ノ如ク石ノ率都婆《ソトバ》ノ許《モトニ》テ居《ヰ》ヌ。

（中略）

暫許《シバシバカリ》有レバ、人ノ音《コヱ》多クシテ下ヨリ登ル。前《サキ》ニ赤袈裟《アカキケサ》着タル僧ノ、前《サキ》ヲ追《オヒ》テ人掃ヲ渡ル、次ニ若キ僧、三衣筥《サンエノハコ》ヲ持《モ》テ渡ル。次ニ輿《コシ》ニ乗《ノリ》テ渡リ給フ人ヲ見レバ、山ノ座主《ザス》ノ登リ給フ也。其《ソノ》座主ト云《イフ》ハ、横川《ヨカハ》ノ慈恵《ヱ》大僧正也。「此ノ法師ニ取懸《トリカカリ》ヌラム」ト思《オモヒ》テ見レバ、髪結《ユ》ヒタル小童部《チヒサキワラハベ》二三十人許《バカリ》、座主ノ左右《サウ》ニ立《タチ》テ渡《ワタリ》ヌ。而《シカ》ル間、此老《コノオイタル》法師モ不見《ミ》(エ)ヘズ、初ノ如ク隠レニケリ。聞《キケ》バ、此小童部《コノチヒサキワラハベ》ノ云《イハ》ク、「此様《カクヤウ》ノ所ニハ由《ヨシ》无ニ者有《アリ》テ伺フ事有《アル》ヲ、所々ニ散《チラシ》テ吉ク□テ行カム」ト云ヘバ、勇《イサミ》タル童部《ワラハベ》、楚《スハエ》ヲ捧《ササゲ》テ、道ノ喬平《ソバヒラ》ニ弘《ヒロ》マリ立《タチ》テ行《ユク》ト見ルニ、益无《カヒ》ケレバ、弥《イヨイ》ヨ谷下《ニオリ》テ藪ニ深ク隠《カク》レヌ。

聞ケバ、南ノ谷ノ方《カタ》ニ、此童部《コノワラハベ》ノ音《コヱ》ニテ云《イハ》ク、「此《ココ》ニ気《ケ》色怪《シキアヤシ》キ者有リ。此、捕ヘヨ」ト。他《ホカ》ノ童部《ワラハベ》、「何ゾ」

ト問《トヘ》バ、「此《ココ》ニ老《オイタル》法師ノ隠レ居《キル》ゾ。此ハ只者ニハ非《ザメリ》」ト云ヘバ、他《ホカ》ノ童部《ワラハベ》、「慥《タシカ》ニ搦《カラ》メヨ。不迯《ニガ》スナ」ト云《イヒ》テ、走リ懸リテ行《ユキ》ヌ。「穴極《アナイミ》ジ。震旦ノ天狗被搦《カラメラレ》ヌナリ」ト聞《キク》ト云ヘドモ、怖《オソロ》シケレバ、弥《イヨ》ヨ頭《カシラ》ヲ藪ニ指入《サシ》レテ、侶《ウツフ》シ臥セリ。藪ノ中ヨリ恐《オヅオヅ》ミ見遣《ヤリ》タレバ、童子《ドウジ》十人許《バカリ》シテ、老《オイタル》法師ヲ石率都婆《ノソトバ》ノ北ノ方《カタ》ニ張リ出《イデ》テ、打チ踏ミ捩《レウ》ズル事无限《カギリナ》シ。老《オイタル》法師、音《コエ》ヲ挙《アゲ》テ叫ブト云ヘドモ、者无シ。

童部《ワラハベ》、「何《ナニ》ゾノ老《オイタル》法師ゾ。申セ申セ」ト云《イヒ》テ打《ウテ》バ、荅フル様《ヤウ》、「震旦ヨリ羅《マカリ》渡《ワタリ》タル天狗也。渡《ワタリ》給ハム人見奉ラムトテ此《ココ》ニ候ヒツルニ、初メ渡《ワタリ》給ヒツル余慶律師ト申《マウス》人ハ、火界《クワカイ》ノ呪《シユ》ヲ満《ミテ》テ通《トホリ》給ヒツレバ、輿《コシ》ノ上、大《オホキ》ニ燃ユル火ニテ見エツレバ、其ヲバ何《イカ》ガハセムト為《ス》ル。己《オノ》レ焼ケヌベカルツレバ、迯《ニゲ》テ羅《マカリ》去《サリ》ニキ。次ニ渡リ給ヒツル飯室ノ僧正ハ不動ノ真言《シンゴン》ヲ読《ヨミ》テ御《オハ》シツレバ、制多迦童子《セイタカドウジ》ノ鉄《クロガネ》ノ杖ヲ持《モ》テ、副《ソヒ》テ渡リ給ハムニハ、誰《タレ》カ可出会《イデアフベ》キゾ。然《サレ》バ深ク羅《マカ》リ隠レニキ。今度《コノタビ》渡リ給フ座主ノ御房《ゴバウ》ハ、前《サキザキ》ミノ如ク、猛ク早キ真言《シンゴン》モ不満給《ミテタマハ》ズ、只止観《シクワン》ト云フ文《フミ》ヲ心ニ案ジテ、登リ給ヒツレバ、猛ク怖《オソロ》シキ事モ无ク、深クモ不隠《カクレ》ズシテ、傍ニ羅寄《マカリヨリ》テ候《サブラヒ》ツル程ニ、此《カ》ク被搦《カラメラ》レ奉テ、悲キ目ヲ見給《タマヘ》ツル也」ト云ヘバ、童部《ワラハベ》、此ノ事ヲ聞《キキ》テ、「重キ罪有ル者ニモ非《アラ》ザナリ。免《ユル》シテ追ヒ迯《ニガ》シテヨ」ト云《イヒ》テ、童部《ワラハベ》、皆一足ヅ、腰ヲ踏《フミ》テ過《スギ》ヌレバ、老《オイタル》法師ノ腰ハ踏ミ被齟《ナヤマサ》レヌ。

座主過ギ給テ後《ノチ》、此《ココ》ノ天狗、谷ノ底ヨリ這ヒ出《イデ》テ、老《オイタル》法師ノ腰踏ミ被折《ヲラレ》テ、臥セル所ニ寄《ヨリ》テ、「何《イカニ》ゾ、此度《コノタビ》ハ為得《シエ》タリヤ」ト問ヘバ、「イデ、穴《アナ》カマ給ヘ。痛《イタ》クナノ給ヒソ。其《ソコ》ヲ憑《タノ》ミ奉テコソ、遥ナル所ヲ渡《ワタリ》テ来リシカ。其レニ、此《カ》ク待チ受《ウケ》テ後《ノチ》、安クハ教ヘ不給《タマハ》ズシテ、生仏《イキホトケ》ノ様也《ヤウナリ》ケル人共《ドモ》ニ合セテ、此《カ》ク老《オイタル》腰ヲ踏ミ被折《ヲラ》レヌル事」ト云《イヒ》テ、泣キ居《ヲ》リ。此《ココ》ノ天狗ノ云《イハ》ク、「宣《ノタマ》フ事尤《モト》モ理《コトワリ》也。然《サ》ハ有レドモ、大国ノ天狗ニ在《マシマ》シケレバ、小国ノ人ヲバ、心ニ任捘《マカセレウ》ジテ給ヒテムト、思《オモヒ》テ、教ヘ申ルシツ也。其《ソレ》ニ、此《カ》ク腰ヲ折リ給ヒヌルガ糸惜《イトホシ》キ事」ト云《イヒ》テ、北山ノ鵜《ウ》ノ原《ハラ》ト云《イフ》所ニ将行《ヰテユキ》テナム、其ノ腰ヲ茹愈《ユデイヤ》シテゾ、震旦ニハ返シ遣《ヤリ》ケル。（以下略）（『日本古典文学大系』）

このように震旦の天狗が比叡山の高僧と験術を較べるという話そのものは広大な構想のもとで語られているが、天狗の験力自体は余慶律師・深禅権僧正・慈恵大僧正には手も足も出せない程度のもので、小童部《わらわべ》に捕えられ打ちすえられてしまうという存在であった。「祭天狗僧《テングヲマツリシ》、参内裏《ダイリニマヰリテ》現被追語《ニオハレタルコト》」では東大寺の南の高山で修行した僧が天狗を祀り、異常な験力を得、天皇の病気もたちまちのうちに治してしまう程のものであったが、余慶律師などの高僧の祈禱に正体を露呈させられてしまったと語られている。しかしこうした話とは逆に、高僧をも惑わす存在として描かれている例もあり、「伊吹ノ山ノ三修禅寺、得天宮迎語《テングノムカヘヲエタルコト》」では次のように語られている。

今昔《ハ》、美濃国《ミノノ》ニ伊吹《イブキ》ノ山ト云フ山アリ。其ノ山ニ久《ヒサシク》行フ聖人《シヤウニン》有リ。心ニ智《サト》リ无《ナク》シテ、法文《ホフモン》ヲ不学《マナバ》ズ、只弥陀《ミダ》ノ念仏ヲ唱《トナフル》ヨリ外ノ事不知《シラズ》。名ハ三修禅師《サンシユゼンジ》トゾ云《イヒ》ケリ。他念《ホカノオモヒ》无ク念仏ヲ唱《トナヘ》テ、多《オホク》ノ年ヲ経《ヘ》ニケリ。

而《シカ》ル間、夜深ク、念仏ヲ唱ヘ仏ノ御前ニ居《ヰ》タルニ、空ニ音有《コヱアリ》テ、聖人ニ告《ツゲ》テ云《イハ》ク、「汝、懃《ネムゴロ》ニ我ヲ憑《タノ》メリ。念仏ノ員《カズ》多ク積《ツモリニ》タレバ、明日《アス》ノ未時《ヒツジノ》ニ、我レ来《キタリ》テ、汝ヲ可迎《ムカフベ》シ。努ゝ《ユメユメ》念仏怠ル事无《ナ》カレト。」聖人、此音《コノコヱ》ヲ聞《キキ》テ後《ノチ》、弥《イヨイ》ヨ心ヲ至《イタシ》テ、念仏唱《トナヘ》テ怠ル事无《ナシ》。

既《スデニ》明《アク》ル日ニ成《ナリ》ヌレバ、聖人沐浴《モクヨク》シ清浄《シヤウジヤウ》ニシテ、香《カウ》ヲ焼《タ》キ花ヲ散《チラシ》テ、弟子《デシ》共《ドモ》ニ告《ツゲ》テ、諸共《モロトモ》ニ念仏ヲ唱ヘテ、西ニ向居《ムカヒヰ》タリ。而《シカ》ル間、未時《ヒツジノ》下《サガ》ル程ニ、西ノ山ノ峯ノ松ノ木ノ隟《ヒマ》ヨリ、漸《ヤウヤク》曜《カカヤ》キ光ル様《ヤウ》ニ見ユ。聖人、此ヲ見テ、弥《イヨイ》ヨ念仏ヲ唱《トナヘ》テ、掌《タナゴコロ》ヲ合《アハセ》テ見《ミレ》バ、仏ノ緑《ミドリ》ノ御頭《カシラ》指出《サシイデ》給ヘリ、金色《コンジキ》ノ光ヲ至セリ、御髪際《カミギハ》ハ金《コガネ》ノ色ヲ磨ケリ。眉間《ミケン》ハ秋ノ月ノ空ニ曜《カガヤ》クガ如《ゴトク》ニテ、御額《ヒタヒ》ニ白キ光ヲ至セリ。二ノ眉ハ三日月《ミカヅキ》ノ如シ、二ノ青蓮《シヤウレン》ノ御眼見延《マミノビ》テ、漸《ヤウヤク》月ノ出《イヅル》ガ如シ。又様々ノ菩薩《ボサツ》、微妙《ミメウノ》音楽ヲ調《トトノヘ》テ、貴《タフトキ》事无限《カギリナ》シ。又空ヨリ様々ノ花降ル事、雨ノ如シ。仏ノ、眉間《ミケン》ノ光ヲ差シテ、此《コノ》聖人ノ面ヲ照《テラシ》給フ、聖人他念《ホカノオモヒ》无ク礼《ヲガミ》入《イリ》テ、念珠ノ緒《ヲ》モ可絶《タユベ》シ。

而《シカ》ル間、紫ノ雲、厚ク聳《ソビキ》テ奄《イホリ》ノ上ニ立渡《タチ》ル。其時《ソノ》ニ、観音、紫金台《シコンノダイ》ヲ捧《ササゲ》テ、聖人ノ前ニ寄リ給フ。聖人、這寄《ハヒヨリ》テ其蓮花《ソノレングエ》ニ乗《ノリ》ヌ、仏、聖人ヲ迎取《ムカヘトリ》テ、遥ニ西ニ差《サシ》テ去リ給《タマヒ》ヌ。弟子《デシ》等、此ヲ見テ、念仏ヲ唱《トナヘ》テ貴ブ事无限《カギリナ》シ。其後《ソノノチ》、弟子《デシ》等、其日《ソノ》ノ夕《ユフベ》ヨリ、其坊《ソノバウ》ニシテ念仏ヲ始《ハジメ》テ、弥《イヨイ》ヨ聖人ノ後《アト》ヲ訪《トブラ》フ。

其後《ソノノチ》、七八日経《ヲヘ》テ、其坊《ソノバウ》ノ下僧《ゲソウ》等、念仏ノ僧共《ドモ》ニ令沐浴《モクヨクセシメ》ムガ為ニ、薪《タキギ》ヲ伐《キリ》テ、奥ノ山ニ入《イリ》タルニ、遥ニ谷ニ差シ覆《オホヒ》タル高キ椙《スギ》ノ木有リ。其木《ソノ》ノ末ニ遥《ハルカニ》叫ブ者ノ音《コヱ》有リ。吉ク見《ミレ》バ、法師ヲ裸ニシテ、縛《シバリ》テ、木ノ末ニ結《ユ》ヒ付《ツケ》タリ。此ヲ見テ、木昇《ノボリ》スル法師、即チ昇《ノボリ》テ見《ミレ》バ、極楽《ゴクラク》ニ被迎《ムカヘラ》レ給《タマヒ》シ我《ワガ》師ヲ、葛《カヅラ》ヲ断《キリ》テ縛付《シバリツケ》タル也《ナリ》ケリ。法師、是ヲ見テ、「我ガ君ハ何《イカ》デ此《カカ》ル目ハ御覧《ズル》ゾ」ト云《イヒ》テ、泣《ナクナク》々ク寄《ヨリ》テ解《トキ》ケレバ、聖人、「仏ノ、『今迎《ムカヘ》ニ来《キタ》ラム。暫ク此《カク》テ有レ』ト宣《ノタマヒ》ツルニ、何ノ故ニ解《トキ》テ下《オロス》ゾ」ト云《イヒ》ケレドモ、寄《ヨリ》テ解《トキ》ケレバ、「阿弥陀《アミダ》仏、我ヲ敀《コロ》ス人有《アリ》ヤ、ヲウ〳〵」トゾ、音《コヱ》ヲ挙《アゲ》テ叫ビケル。然レドモ、法師原《バラ》、数《アマ》タ昇《ノボリ》テ解《ト》キ下《オロ》シテ、坊《バウ》ニ将行《ヰテユキ》タリケレバ、坊《バウ》ノ弟子《デシ》共《ドモ》心踈ウガリテ、泣キ合ヘリケリ。聖人、移《ウツ》シ心モ无ク、狂心《ワウシン》ノミ有《アリ》テ、二三日許《バカリ》有《アリ》ケル程ニ死《シニ》ケリ。心ヲ発《オコシ》テ貴キ聖人也ト云モ、智恵《チエ》无ケレバ、此《カク》ゾ天宮《テング》ニ被謀《タバカラレ》ケル。弟子《デシ》共《ドモ》又云フ甲斐《カヒ》无シ。如此《カクノゴトキ》ノ魔《マ》縁《エン》ト三宝《サンボウ》ノ境界《キヤウガイ》トハ更ニ不似《ニ》ザリケル事ヲ、智《サト》リ无キガ故ニ不知《シラ》ズシテ、被謀《タバカラル》ル也トナム語リ伝ヘタルトヤ。

（『日本古典文学大系』）

このように『今昔物語』に描きだされている天狗は山岳や修行者・聖人などと密接に結びついて語られており、後の山伏型天狗に発展する素地ができあがっているとはいうものの、必ずしも充分ではない。また鬼の話が陰惨なものが多いのに対して、天狗の話は人々に恐れや畏怖観を与えるというよりも、むしろ滑稽なものが多く、天狗自体も道化師のように描きだされているところに興味を覚える。

## 山人と鬼と天狗

『今昔物語』巻二十と巻二十七が伝える鬼と天狗とは、近似した性格よりも相違する点が目につく。それは先に紹介した鬼と天狗の話を比較することによっても理解されることと思われる。こうした両者の相違は、鬼を怪異現象の源をなす霊的存在と捉え、主として都・里を舞台に話が展開されているのに対し、天狗は仏法との対比で捉えられ、山との関連で話がすすめられている点にもその要因の一つがあるといえよう。つまり鬼・天狗を捉える観点と舞台の相違に起因するところが少なくない。

その点は、今日の民俗的世界に伝わる天狗伝承と不思議に一致してくる。天狗伝承には里人の山人に対するイメージが大きく影響を与えているのであるが、そうした点をひとまず除外すると、天狗伝承は大きく三つに大別されるように思われる。その一つは山中の怪異現象で、具体的な天狗のイメージはなく、深夜に木を伐り倒す音が聞こえるという「天狗倒し」、山中のどこからともなく石が飛んでくる「天狗の礫《つぶて》」といった類のもので、人々に脅威を与えるものの、実際に害を与えることはほとんど認められない。第二は「天狗松」「天狗杉」などと称される樹木に結びついた「天狗隠し」の伝承である。この伝承は山中と里の両者に認められるが、第三のタイプの昔話、なかでも笑い話に登場する天狗は、隠れ蓑・扇・小槌など重要な持ち物を人間に騙し取られてしまうという類の伝承で、これは主として里人の観念のなかで発展してきたといえよう。これら三つのタイプの伝承は、天狗自体の山中の主・霊的存在から妖怪・愚者へという零落過程を示している一方で、それとは逆に山中に限定されていた天狗の行動が里に拡大されてきたことによって形成されてきたことを示している。こうした民俗的世界の天狗伝承と『今昔物語』の鬼・天狗の話を対応させてみると、鬼の話は天狗松や天狗杉、天狗隠しの伝承に対応し、天狗の話は山中の怪異現象に近いと思われる。ただし、こうした天狗伝承の相違はあくまで一つの傾向としての指摘にとどまるものである。

しかしながら、山と里との観点から、鬼と天狗を検討してみることも重要で、柳田国男がいう山人の視点なくしては、祭りや芸能に登場する鬼・天狗を正しく理解することができないのではなかろうか。周知の通り、柳田は日本民俗学研究を提唱し、その発展に指導的役割を果たしてきたのであるが、彼の研究は広範にして多岐にわたり、常民の生活史や考え方を次々と明らかにしてきた。そうしたなかで、大正期から昭和初年にかけての彼の主たる関心事の一つが、山人の歴史的解明にあったといえよう。つまり、山人を里人たる我々日本人の先住民と位置づけ、衰退してしまった山人の歴史的変遷を描きだすとともに、日本人の起源を明らかにしようとする意図があったことは次のような一文が明らかにしているところである。

山人といふ語は、此通り起原の年久しいものであります。自分の推測としては、上古史上の国津神が末二つに分れ、大半は里に下つて常民に混同し、残りは山に入り又は山に留まつて、山人と呼ばれたと見るのですが、後世に至つては次第に此名称を、用ゐる者が無くなつて、却つて仙といふ字をヤマビトと訓ませて居るのであります。

自分が近世謂ふ所の山男山女・山童山姫・山丈山姥などを総括して、仮に山人と申して居るのは必ずしも無理な断定からではありませぬ。単に便宜上この古語を復活して使つて見た迄であります。昔の山人の中で、威力に強ひられ乃至は下され物を慕うて、遥に京へ出て来た者は、勿論少数であつたでせう。然らば其残りの旧弊な多数は、行く行く如何に成り行いたであらうか。是からが実は私一人の、考へて見ようとした問題でありました。

（『定本　柳田国男集』第四巻）

右の一文は、柳田国男が大正六年に日本歴史地理学会大会で講演した時の手稿であるが、日本人の起源と山人の歴史を明らかにしようとする意図とを明確に読みとることができよう。しかしながら、山人を日本人の先住民とする柳田の考え方には無理があり、彼自身、学問としての日本民俗学の確立を目指すに従い、主要な関心も山人から里人に向けられている。ただし、日本人の起源を明らかにしようとする意図は、彼の最後の著作が『海上の道』であったことでも明らかなごとく、終始抱き続けていたといえるのではなかろうか。

ともあれ、柳田の山人研究は里人との対比で山人を捉え、山人の衰退してきた歴史とその要因を明らかにし、所謂山の妖怪と称される山男・山女・天狗・鬼などの諸伝承が山人の性格や歴史に対応して展開してきたことなどを論じており、興味深いものがある。そして何よりも山人に対して好意的に、さらには衰退してしまった山人の歴史に同情を寄せて論じていることが注目されるところである。また鬼・天狗に関する点では、霊的な存在が鬼・天狗と称されるようになった系統とは別の、山人の一群である山中の鬼・天狗の系統があったこと、そして彼等山中の鬼・天狗は、鬼時代さらには狗賓《ぐひん》時代と称してもよいような山人の歴史を画した一時代があり、鬼は早くから幽霊・亡霊の類に零落したのに対し、天狗はなおしばらくは勢力を増し、その性格にも武士道の精髄が発揮されていること等々を指摘している。

## 敗者としての異人

さらに柳田は、山人の衰退あるいは絶滅に近い状態に至った歴史について、次のように論じている。

そこで最終に自分の意見を申しますと、山人即ち日本の先住民は、最早絶滅したと云ふ通説には、私も大抵は同意してよいと思つて居りますが、彼等を我々の謂ふ絶滅に導いた道筋に付てのみ、若干の異なる見解を抱くのであります。私の想像する道筋は六筋、其一は帰順朝貢に伴ふ編貫であります。最も堂々たる同化であります。其二は討死、其三は自然の子孫断絶であります。其四は信仰界を通つて、却つて新来の百姓を征服し、好条件を以て行く〳〵彼等と併合したもの、第五は永い歳月の間に、人知れず土着し且つ混淆したもの、数に於ては是が一番に多いかと思ひます。

斯ういふ風に列記して見ると、以上の五つの何れにも入らない差引残、即ち第六種の旧状保持者、と謂ふよりも次第に退化して、今尚山中を漂泊しつゝあつた者が、少なくとも或時代迄は、必ず居たわけだといふことが、推定せられるのであります。

（『定本　柳田国男集』第四巻）

こうした柳田の基本的考え方に無理があることは前述した通りである。しかし修験山伏の活躍・山岳信仰の隆盛などを考えあわせるならば、柳田が第四の理由として挙げた信仰界を通って山人が里人を征服したという考え方には魅力を感じる。山岳で修行し超自然的な力を得た修験・行者・山伏たちが里人の悩みを解決していることからみると、むしろ柳田の考え方は妥当なものと称しても過言ではない。

しかしながら、山伏の系譜につらなる鬼についての伝承をみると、信仰面において里人を征服したともいえるような修験山伏の先祖とする鬼の伝承がある一方で、里人に征服される存在としての鬼の伝承があり、その代表的な話の一つが謡曲や『御伽草子』などで知られた大江山の鬼、「酒呑童子」といえよう。

『御伽草子』が伝える「酒呑童子」についてはよく知られているので、ここで改めて詳述する必要もないと思われるものの、簡単に要約しておくことにする。酒呑童子は丹波の国大江山を棲処とする一群の鬼神の頭で、夜になると都などに出没し、娘をさらうなどの

酒呑童子（『御伽草子』より）

悪行を重ねていたが、中納言の姫がさらわれたのを契機として、帝から酒呑童子征伐の宣旨が頼光に下る。頼光は保昌・綱・公時・定光・末武等と山伏姿に身を変えて大江山に行き、住吉・八幡・熊野の守護を得て、鬼の岩屋に至る。頼光一行が酒呑童子と盃を交わし、神便鬼毒酒と称されるようになった酒を飲まし、寝入った酒呑童子の首を切り、配下の鬼達もことごとく征伐したという話である。この話で注目される点の一つは、酒呑童子が自らの過去を語る次の一文であろう。

某が古へを語りて聞かせ申べし。本国は越後の者、山寺育ちの児なりしが、法師にねたみあるにより、あまたの法師を刺し殺し、その夜に比叡の山に著き我すむ山ぞと思ひしに、伝教といふ法師仏たちを語らひて、わが立つ杣とて追ひだす。力及ばず山を出で、又此峯にすみし時弘法大師といふゑせもの、封じてここも追ひだせば、力及ばぬ処に、今はさようの法師もなし。高野の山に入定す。今又ここに立ち帰り何の子細も候はず。

（『日本古典文学大系』）

と語られている。酒呑童子全体の話が里人と山人との対立、里人の山人征伐を基調にして構成されているとみることができるなかで、右の一文は山人の立場に立ち、里人に生活圏を脅かされている山人の苦悩を読みとることも可能であろう。しかしながら、『今昔物語』以来の文芸に登場する鬼は、里人によって征伐される存在となってしまっており、民俗的世界で登場する里人を祝福する存在としての鬼の性格はほとんど認められなくなってしまっている。いずれにしても酒呑童子に代表される鬼は、今日一般にイメージされる鬼であり、また天狗とも近似した性格を有しているといえるのではなかろうか。

## 2　天狗と民俗——山と里の天狗観

### 山と怪異現象

民俗的世界のなかでも山岳信仰・修験道と関連する天狗達は、鼻が高く赤ら顔、山伏のような服装をして高下駄をはき、羽団扇を持って空中を自由自在に飛行するというものではなかろうか。こうした今日一般に抱かれるところの天狗像は歴史の産物であることはいうまでもなく、時代によって天狗像・天狗観は相違し、変遷の跡が認められる。しかしながら、これほどまでに天狗伝承が普及し、確固たる地位を築くに至るにはそれなりの理由があり、各種の要因が考えられるのであるが、とりわけ修験・山伏の活躍、及び天狗と修験・山伏を一体化する観念が与えた影響を無視することができない。

けれども山岳信仰・修験道関係以外に、たとえば山の怪異現象、木・岩・洞窟などと結びついた伝説、さらには昔話などのなかにも頻繁に天狗が登場している。しかしながらそれらに認められる天狗像は多様なものがあり、我々が一般的に抱く天狗像をはじめ、全く姿を見せないものも少なくない。なかでも「山の怪異現象」と総称すべき現象にはそうした傾向が強い。

また天狗をめぐる民俗伝承にはそれらに含まれる主要な要素からみて、主として山の怪異・山の神・妖怪・修験道という四つの要素に分けてみることが可能である。しかし、いずれの場合も天狗を山中を棲処《すみか》とする超自然的存在とみなしていることが基本にあり、それにいくつかの要素が加わり、多様な性格を示すに至ったといえる。

まず天狗を山の神と同一視している例をみよう。埼玉県両神村小沢口では大山祇神社を祀っており、これを通称「お天狗様」と呼び、かつては四月五日（現四月第一日曜日）に「お天狗様の祭り」が行われている。戦前まではこの日に丸太を組み合せて櫓をつくり、歌や踊りなどが行われたと伝え、さらに村の南西の端に祀られている「お諏訪様」から大山祇神社までの道の両脇には行灯を灯し、それには子供達がいろいろのトバエ（鳥羽絵を書いたという（『りょうがみ双書　2祭りと芸能』）。また同じ秩父郡の荒川村では十二月十五日に子供達による火祭りが行われているが、これをテンゴウ祭り（天狗祭り）と呼んでいる。そして、十一月下旬頃から小屋作りを行い、祭りの日には小屋のなかで楽しんだ後に火を付けて焼くという（『荒川村誌』）。このほか、正月十五日に小豆飯・酒を屋根の上に供えて天狗を祀る地方もあり、ゴヘイモチをグヒンモチと呼んで、山の神である天狗に供える地方もある。こうした習俗そのものは、山の神祭りを前提として、後に天狗信仰の普及によって、天狗祭りと改されるようになったものであろう。

天狗祭り。埼玉県秩父郡荒川村原。（吉田智一氏撮影。桐原書店刊『子ども歳時記』秋より）

　さて、山の怪異伝承とみなされているもののなかで、天狗の行状とされるものには各種の伝承があり、また広く分布している。そうしたなかで深夜に鋸や斧で木を伐り倒す音が聞えるので翌日行ってみると木を伐り倒した跡が全くなかったという「天狗倒し」「狗賓《ぐひん》さんの空木倒し」という現象、夜中に山中に入るとどこからともなく石が飛んでくるという「天狗の礫《つぶて》」、昼中でも

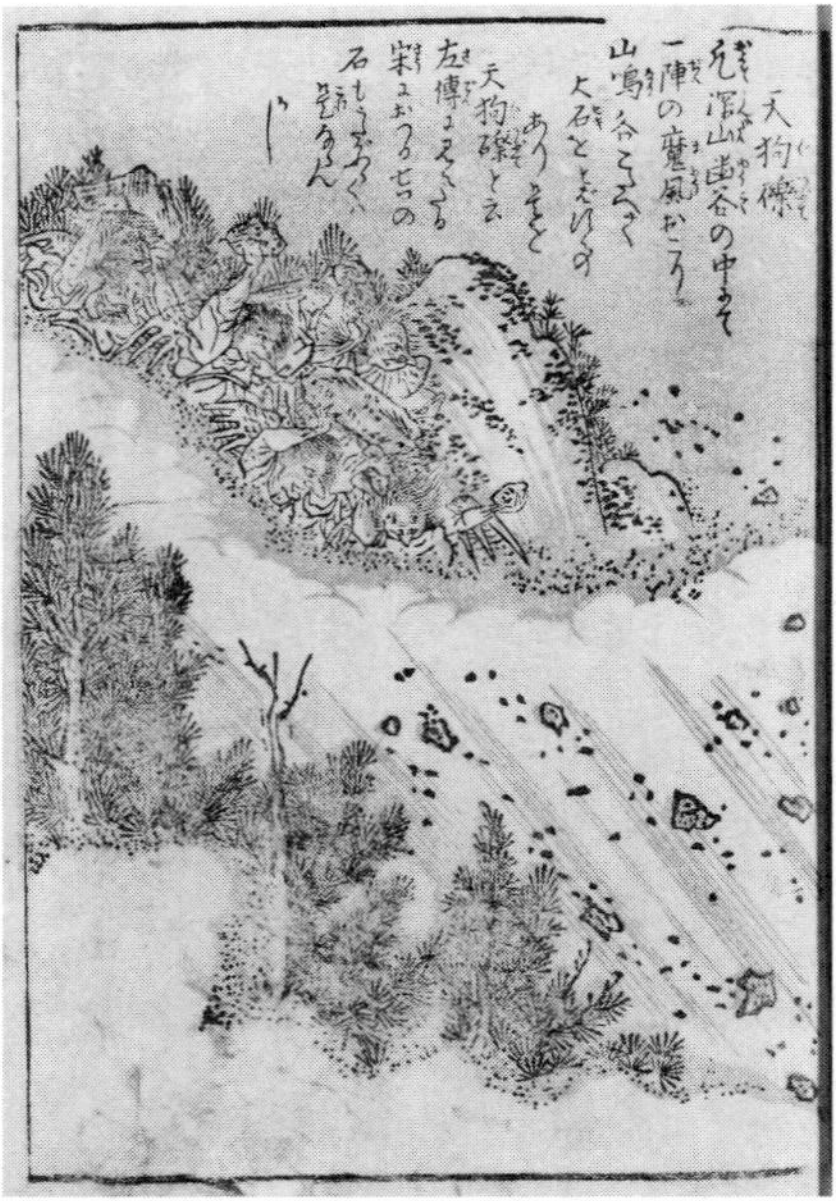

「天狗の礫」（鳥山石燕『画図百鬼夜行』より）

山中で突然大声で呼ばれたり、ゲラゲラと高笑いされる「天狗笑い」や山中で太鼓の音が聞えてくる「天狗太鼓」、山小屋の自在鉤をゆすったり、小屋自体もガタガタとゆすられる「天狗のゆすり」、狐火と同じように山中で火がともっており、なかにはそれが行列をなすものもある「天狗火」などの伝承が広く分布し、天狗の仕業とされる代表的なものである（岩科小一郎『山の民俗』）。これらの天狗伝承に共通していることは、天狗に関する具体的イメージが欠けていることであり、人々に脅威は与えるものの実際の被害を与えることはほとんど認められない。山の怪異現象そのものは幻覚によるものであり、山中における人々の不安や恐れなどの表現の一つといえるのであるが、同時に山中を異郷・他界とみる観念がその背景をなす。つまり、山中は人間の支配する世界ではなく、超自然的な存在の支配する世界とみる観念が山中における様々な怪異伝承を生みだしたといえよう。また天狗像についていえば、具体的イメージに欠け超自然的存在とのみ観念される天狗像が具体的イメージの脱落したものとは考えにくく、むしろ他の要素が加わってより具体的な天狗像が形成されたとみるべきではなかろうか。

より具体的な姿をとった天狗像の一例として柳田国男の『遠野物語』に述べられている天狗の話三話を検討することにしよう。『遠野物語』には天狗のほか、山の神・山男・山女・山の霊異をはじめ遠野地方に伝わる様々な伝承が述べられており、天狗の話と類似したものが少なくない。しかし天狗の話として分類されているものは三話であり、それを要約すると次のようなものである。

第一話では、鶏頭山に天狗が住むといわれ、村人は登ることがなかった。ある時、村の無法者がその山に登る。すると三人の大男がおびただしい金銀をひろげていた。無法者が近づくと大男達は気色ばみ恐ろしげな様子をする。そのため道に迷ってしまったと言うと麓近くまで送ってくれ、たちまちのうちに姿を消してしまったという話が語られている。

第二話は猟師の話で、山中で夜を迎えた猟師が小屋掛けする時間がない。そのため魔除けの縄をもって大木に身体をしばりつけて寝る。夜中に気がつくと赤い衣を羽のようにはばたく大きな僧形をしたものが襲いかかって来た。銃を打つと空中を飛びさっていったという話で、この猟師は同じ経験を三度したという。

最後の話は、天狗に人が殺されたという話であるが、天狗森と呼ばれる山で力自慢の若者が仕事に疲れて居眠りをしてしまった。気が付くと赤ら顔の大男が現われて見下している。誰かと問うても返事がないので飛びかかっていったものの、一突きで突き飛ばされ気を失ってしまった。その年の秋に村人大勢と天狗森に登ったところ、その男のみが見えなくなり捜してみると手足を抜かれて死んでいたという。

『遠野物語』に収録されている三種の天狗の話は、山中で起きた怪異現象であることには変わるところがないが、天狗像が具体的に描きだされている点で先に述べた怪異伝承とは大きく相違し、三種の天狗の話の間でも幾つかの重要な相違が認められる。たとえば天狗像とその棲処《すみか》という点では、第一話と第三話とでは天狗の棲処とされる場所が特定の山であり、天狗像も恐ろしげな「大男」とされているのに対し、第二話では山中というのみで場所が決っておらず、天狗像も「僧形」という形で空中を自由に飛行する存在として描かれている。また天狗と遭遇した人間がどのような結果をまねいたかという点では、第一話と第二話とが実質的被害がなかったのに対して、第三話では殺されている。このように三話間でも相違が認められるのであるが、第一話と第三話とでは人間と天狗の間に起こった抗争の有無が生死を異にする結果をまねいたとみるならば、この二種の話は同様な観念にもとづくものといえよう。そして注目すべきことは、山と里という二つの空間が持つ意味の差を明確にしていることである。恐ろしげな「大男」とする表現も柳田をはじめ先学が指摘するごとく、里人が山人に対して抱くイメージの一つであり、里人が入ってはならない山に分け入ったというタブーを犯したがために異常な体験をし、さらに異郷を支配する存在に対して不敬を働いたために殺されたということになる。そうした意味において、第一話と第三話は、里人の立場に立ち里人が山人に抱く観念が反映された天狗像といえよう。

一方、第二話で語られる天狗像は単に僧形であるという以上に、衣をはばたき「空中を自由に飛行する」存在とする点が強調されていることからすれば、前二者とは別系統、あるいは新たな要素が加わった天狗像といえる。

## 天狗の伝説・昔話

伝説一般がそうであるように、天狗伝承も特定の物・場所について伝えられることが多く、そうした伝説のなかで全国的に分布しているものは、「天狗の止木《とまりぎ》」「天狗松」などと称されるような、神の依り代としての樹木に関する伝承であり、その木を伐ったために病気になったり災禍が起きたというような伝承が各地に伝えられている。こうした伝承は、山の神信仰に包摂されるものとはいえ、天狗を一種の妖怪とみなし、人間をして神隠《かみかく》しにあわせたり病気や怪我をさせるなど、人間にとって悪しき存在とみなされることも少なくない。

この種の天狗像として「天狗隠し」の伝承をその代表的なものとして挙げることができよう。「天狗隠し」の伝承も民俗的世界の天狗伝承のなかでは代表的なものの一つであり、子供や若者が突然姿を消し、数カ月後あるいは数年後に戻ってくるというもので、その間天狗の棲処につれて行かれたとか、名所旧蹟を見物したとか異常な体験が語られる。こうした伝承は、天狗の棲処とされる山や樹木に付随した伝説として語られることが多く、たとえば石川県内灘町につたわる天狗松の伝説では、村に行方不明の者があるときには天狗松の下で名前を呼び天狗に返還を求めるといい、京都亀岡市の桑田神社近くの松は、天狗がよく遊ぶ処で、その下を通る人を樹の上に連れていったという。また新潟県松村町の天狗杉も天狗の棲処と伝え、ある時天狗が旅僧に化け、留守をしていた寺の下男をつれて京都を見物させ、夕方には再び寺に飛び帰ったという伝説が伝えられている。なかには埼玉県秩父地方のように、中山の中腹にある古松を「天狗の腰掛松」と称して怖れていたが、村の若者がそれを伐倒したところ、その夜天狗が男の寝所にきて陰茎を切り取り裏山の天狗松に引掛けたという話も伝えられている（『日本伝説名彙』）。

こうした伝説に登場する天狗像は山の怪異伝承と同様明確な姿をとるものが少ないものの、空中を自由に飛行する存在という点が強調される。里に存在する、天狗の棲処とされる天狗松・天狗杉などもそうした天狗の特性を無視することができない。もちろん天狗松・天狗杉と呼ばれる樹木自体は、先に述べたように他の特徴ある一連の樹木と同じ意味をもち、元来神の依り代とされる神聖な樹木であったものと思われるが、それに天狗の伝説が付加されるようになったものであることはいうまでもない。しかし天狗の立場に立つと、その棲処が山中に限定されることなく、里でも棲処とすることが出来るようになり、天狗の世界が拡大しかつ人間との密接な交渉をもつことが出来るようになったということができよう。そしてそれを可能ならしめたものが、空中を自由自在に飛行できるという天狗の属性であったといえるのではなかろうか。

昔話、特に笑話のなかに天狗が登場することも多い。当然そのなかに登場する天狗は、山の怪異伝承や伝説に登場する天狗とは異なって、恐れ畏怖される存在ではなく、人間によって容易に欺かれてしまう愚者として登場する。たとえば宮城県松島町で採集された隠れ簑笠型の笑話の概要は次のようなものである。つまり、「悪戯小僧が竹筒で江戸が見えるといっていると天狗が来る。隠れ笠・羽衣簑ととりかえ、（小僧は）それを着て逃げる。天狗は騙され、途中で（小僧と）会う。小僧は茨でろ、天狗は餡子餅出ろという。小僧は餅を食い、茨に火をつけ天狗を焼くが、笠も簑もやける。（小僧は）灰を体につけ菓子を盗み、酒を飲んでいてこぼれ臍が出る。棍棒でなぐられ半死半生になる」という話である（関敬吾『日本昔話集成』）。

このように隠れ簑笠の笑話は、天狗を騙した人物を中心としてその失敗談に主要な視点がおかれているものであるが、そこに登場した天狗は博徒との勝負に負けたり、天眼鏡・竹筒・穴開銭などによって江戸・大坂・京などが見えると騙されて隠れ簑・笠を交換してしまう存在である。また鼻高扇型の笑話でも鼻の高くなる扇や小槌・箆などの呪物を騙し取られてしまう存在でしかない。こうした天狗に対するイメージは、笑話が人間中心に語られるという性格からして当然のことであり、天狗の零落した姿としてみることもできる。しかしながら、天狗像そのものは鼻高の顔、羽団扇を持って空中を自由自在に飛行する存在であり、我々が抱く最も一般的なイメージに包まれている天狗像といえよう。

以上、民俗的世界における天狗像、天狗に対する観念について述べてきた。山の怪異伝承・天狗松・天狗の神隠し伝承・笑話の天狗伝承などを対比してみるとき、山の支配者として人間から畏怖される対象である超自然的存在の天狗が、次第に人間との交渉を重ねるにしたがって人間よりも劣った存在となってしまった。こうした変化は怪異伝承が山中、天狗松や神隠し伝承が山中と里の両者、昔話が人間中心の里で語られるというように天狗の棲処とも関係するといえよう。つまり天狗がその棲処を拡大したことに起因する。また先学が指摘するように天狗を山の神と同一のものと考えるならば、山の神の次第に零落する姿としてとらえることができる。しかしながら天狗像そのものについてみれば、山から離れることにしたがい、我々が一般的に抱く天狗像に近いということは注目すべきことで、主として一般的な天狗像は里の間で形成されてきたということができるのではなかろうか。しかし我々にとって親しみ深い天狗＝山伏型の天狗像が必ずしも民俗的世界を覆い尽すまでに至っていないことは明らかであろう。

## 3　天狗の系譜と図像学

### 山伏天狗の形成

さてこれまで述べてきた民俗的世界の天狗像と対応させる意味で、次に天狗像の歴史的展開について若干検討することにしよう。日本における天狗の出現は、『日本書紀』の舒明天皇九年二月二十三日の条に僧旻《そうみん》が「流星に非ず。是れ天狗《あまつきつね》なり」と言ったという記載があるのを初見として、その後『源氏物語』や『宇津保物語』などで、天狗を山霊《こだま》などに擬されたりしてはいるが、具体的な天狗像としては現われていない。

天狗について最もまとまった記載があるのは、平安時代末期の『今昔物語』であろう。そこで描かれている天狗像は、高僧や高貴な人物に調伏され、仏教の妨げとなる存在であるが、(1)空中を自由に飛行できる存在であること、(2)仏・僧・聖人に変化したり人に憑く存在であること、(3)山中を棲処とすることなどの性格が描かれており、正体をあらわした天狗が「屎鵄《くそとび》」（中形の鷹）であったとされている場合もある。また天狗を祀ることによって治病などの験力を得ることが出来るものの、それは結局のところ仏教によって調伏される存在でしかない。こうしてみると『今昔物語』にあらわれている天狗観は仏教の異端者としての山岳修行者と密接な関係を持ち、それも古代の国家仏教の立場からは禁止されるものであった方術・蠱《こ》道・巫術などの大陸伝来の呪術を背景としているのではなかろうか。この点はあくまで推測の域にとどまるものであるが、修験道の祖とされる役行者の行う呪術が大陸の影響を受けたものであると考えられていること、『今昔物語』の「祭天狗《テングヲマツリシ》法師、擬男習此術語《ヲノコニコノズツヲナラハシメムトシタルコト》」に「京ニ外術《グエズツ》ト云フ事ヲ好《コノミ》テ役《ヤク》トスル下衆《ゲス》法師有《アリ》ケリ。履《ハキ》タル足駄《アシダ》・尻《シリ》切《キレ》ヲナド急《キ》ト犬ノ子ニナド成シテ這《ハハ》セ、又懐ヨリ狐ヲ鳴《ナカ》セテ出《イダ》シ、又馬・牛ノ立《タテ》ル尻ヨリ入《イリ》テ、口ヨリ出《イヅ》ナド為《ス》ル」というような記載によって窺うことができる。さらに想像をたくましくしてみると、『今昔物語』の天狗の性格が(1)(3)の性格を基本としているところからして神仙思想の影響を考えてみることも必要なのではなかろうか。

中世に入ると、山霊や山の妖怪とするものからより人間味を帯びたものになり、『古今著聞集』では法師とされるほか、「おそろしげなる山伏」というように山伏の姿をとったものとして描きだされてくる。そして『太平記』などには「天狗山伏」という言葉がみられるように、天狗と山伏が一体化することになった。さらに謡曲『鞍馬天狗』には彦山の豊前坊、白峰の相模坊、大山の伯耆坊、飯綱《いづな》の三郎、富士の太郎・大峯の前鬼・葛城の高間をはじめ、比良山・比叡山横川・高雄山・愛宕山・鞍馬山など修験の山々を棲処とする各種天狗が出現する。そして、室町後期から近世初頭に成立したとされる『天狗経』には大天狗として四八天狗の名がみえるようになり、それらの天狗の棲処の多くは修験道の山でもある。ちなみに『天狗経』にみられる大天狗を列挙してみると以下の通りである。

愛宕山太郎坊・比良山次郎坊・鞍馬山僧正坊・比叡山法性坊・横川覚海坊・富士山陀羅尼坊・日光山東光坊・羽黒山金光坊・妙義山日光坊・常陸筑波法印・彦山豊前坊・大原住吉剣坊・越中立山縄重坊・天岩船檀特坊・奈良大久杉坂坊・熊野大峯菊丈坊・吉野皆杉小桜坊・那智滝本前鬼坊・高野山高林坊・新田山佐徳坊・鬼界島伽藍坊・板遠山頓鈍坊・宰府高垣高林坊・長門普明鬼宿坊・都度沖普賢坊・黒拳属金比羅坊・日向尾畑新蔵坊・医五島光徳坊・紫黄山利久坊・伯耆大仙清光坊・石鎚山法起坊・如意ケ嶽薬師坊・天満山三萬坊・厳島三鬼坊・白髪山高積坊・秋葉山三尺坊・高雄内供奉・飯綱三郎・上野妙義坊・肥後阿闍利・葛城高天坊・白峰相模坊・高良山筑後坊・象頭山金剛坊・笠置山大僧正・妙高山足立坊・御嶽山六石坊・浅間ケ嶽金平坊の四十八天狗

これらの天狗がどのような理由から選出されたものか、妙義山日光坊・上野妙義坊のように重複するものではないかと思われるもの、白山や戸隠山・阿蘇山などの修験の山としても著名なものが欠けているなど不明な点も少なくない。しかしながら全体としては、修験道の山々を中心に構成されているといえよう。このように中世においては天狗の全盛期を迎え、説話文学、謡曲をはじめ天狗に題材を求めたものが多くなる。こうした天狗の歴史は修験道の形成・発展とほぼ対応していることが注目されよう。つまり『今昔物語』のあらわされた頃は修験道の形成期に当たり、『太平記』の頃は宗教界にあって修験道がその独自性を主張できるようになった頃であり、『天狗経』の時代は宗教界にあって他の宗教を圧倒して抽んでた存在となっている。もとより修験道は古代山岳宗教をもとにして大陸伝来の仏教、道教、陰陽道などが習合して形成された宗教であるが、なかでも山岳抖《と》擻《そう》・苦行性を強め、最も修験らしいあり方を示しているのが中世である。柳田国男は武家時代の天狗には武士的気風、つまり①清浄を愛する風、②執着の強いこと、③復讎を好む風、⑥任俠の気質と四つの気風がみられることを挙げているが、これらはいずれも中世修験道のもつ気風に相当させることができるものであり、柳田が挙げた天狗の気質は、天狗山伏型の出現がもたらした気質といえるのではなかろうか（『妖怪談義』）。

## 天狗の図像学

これまで日本における天狗伝承の歴史的展開についてその概要をみてきたが、流星を天狗と称したことを初見として、こだまや鷹、仏教の障碍《しょうがい》となる輩《やから》、人の怨霊《おんりょう》などが天狗とみなされ、さらには山伏型の天狗が出現してきたのである。またそうした天狗の歴史をみるうえでは、『今昔物語』や『太平記』で描かれている天狗像が注目されるもので、前者は鷹や僧、聖人に変身したり、人にとり憑《つ》く天狗など多様な天狗の性格が語られ、後者の『太平記』には、怨霊とされる天狗や山伏天狗などが登場している。こうした点を背景として、次に天狗の図像に注目することにしたい。

この点で注目されるのは、『天狗草子』や、『今昔物語』に題材を求めている『是害坊《ぜがいぼう》』などの絵巻物、近世期の考証家、なかでも滝沢馬琴の著『烹雑の記《にまぜのき》』などであろう。

馬琴は『烹雑の記』の天狗の項《あまつととね》で、「抑《さて》天狗と名るもの、和漢一ならず。星なり、夜叉飛天なり、山神なり、獣なり、山魅《こだま》なり、冤鬼《えんき》なり、但当今、和俗のをさ〱天狗と唱ふるものは、なお天魔といふがごとし」と多様な天狗の正体を述べるとともに、日本と中国の古今にわたる書籍から天狗図を集めながら、「右証する所諸説一定ならず。もし好む所

により て、その説に泥《なづ》み、天狗は如此々《しかじか》の物なりなんどいはゞ、却《かへつて》天狗の天狗たる所以を解《げ》さゞるに似たり、今俗のいふ天狗は、星にあらず、獣《けもの》にあらず、冤鬼《ゆうれい》にあらず。五六百年に僧徒のいひ出せし譬《ひ》論《ゆ》にて、仏説に、夜叉飛天を天狗といふに本づきて、魑魅罔《ちみもう》両《りよう》を天狗といひ、又転じて放漫《ほうまん》、慳貪《けんどん》、破戒、無慙の通俗を、天狗つき、又直《たゞ》に天狗と名づけてあざみ笑ひしより、やがて天狗道などいふことは出来《いでき》にたり」と天狗の展開を述べている。しかし、その一方で目に見えない存在を図像に表わすのは容易《たやす》く、それがいかなるものであっても咎《とが》めることができないと、皮肉を述べている。

　ここでは、馬琴に批判されながらも、天狗のイメージをより具体的に把握したいという点から、天狗図、天狗像について若干の検討を加えることにしたい。しかし、筆者の管見《かんけん》しえた天狗の図像はごくわずかなものであり、これをもって一般的傾向を論ずることはできないものの、いくつかの注目すべき点が認められる。

　その一つは、中国で優越している星を天狗とみる観念が、日本における天狗の初見として登場する以外、あまり認められないことであり、中国に認められる天狗を獣とする観念も日本では認められず、日本と中国の天狗像の相違が注目される。

　しかしながら、日中両国の天狗像を比較することは筆者の能力をはるかに超えた問題であり、当然のことながら日本の天狗を中心にみていくことにする。

唐山池州の山魅（滝沢馬琴『烹雑の記』。『日本随筆大成』〈第一期〉21、吉川弘文館刊より）

日本の天狗像のなかでは、烏天狗と通称されるような鳥類型天狗像が最も一般的なものの一つということができる。鳥の喙《くちばし》、翼を備えた鳥頭人身の図柄で、『是害坊』『天狗草子』に描かれている天狗は、基本的にはこの鳥類型天狗像といえよう。また天狗面においても、鼻高の山伏型天狗像とともに対をなす場合が少なくない。

一方、中国の場合には『広西通志』に山魅《こだま》の正体として「忽《たちま》ち山の半《なか》ばを見れば、一人長け二丈《にじょう》ばかり、面《おもて》のひろさ三尺余、長さはこれに倍す、披《さばき》髪《がみ》鳥の喙。背に二翼あり、ふして群童《ぐんどう》が楽しみをなすをみて、嬉しげに笑う。しばらくして舌を垂るるに腹に過ぐ」と述べられており、日本の天狗像に近いもので、なかでもイメージ的には鳥類型天狗像よりも、山伏型天狗像に近いものがある。

獣型天狗図は、日本の場合には認めることができないが、中国では『山海経』巻二に陰山の天狗として、「獣有り、その状狸の如し、白き首なり、その音榴榴《りゆうりゆう》というが如し、もって禍を禦《ふせ》ぐべし」とあり、蛇をくわえた獣の図が描かれている。

もっとも『山海経』には多数の妖怪が描かれており、なかでも人面獣身・人面鳥身など、人間の頭部と鳥獣・魚・龍などの体と合成された妖怪が多い。しかし中国の妖怪は『山海経』の人面獣身型の妖怪から、のちに獣面人身型の妖怪へと変化し、より人間の性格に近いものとして描きだされるようになっているとされている（中野美代子『中国の妖怪』）。

獣型天狗（『山海経』より）

また、日本と同じように山中は他界・異郷とされ、いわゆる魑魅《ちみ》魍魎《もうりよう》の活躍する世界として観念されていることはいうまでもなく、数々の怪異伝承を伝えるほか、野女や野婆のごとく人間の男をさらってセックスを求める妖怪まで考えられている。とはいえ、その一方で、人間の死後の魂を擬人化した鬼の活躍する世界であり、神や仙人の棲息する世界である。こうした考え方は日本の山岳信仰の展開に多大の影響を与えてき

諸宗長老天狗の集会（『天狗草紙絵巻』根津美術館蔵）

た。しかし山中の超自然的存在としての天狗は、日本ほど幅をきかしておらず、存在価値の薄い妖怪のようである。

一方、日本においてはこれまで述べたごとく天狗が山中の妖怪として大きなウエートを占め、なかでも僧侶型天狗は日本の天狗図としてかなり一般的なものである。しかし『天狗草子』にみる僧侶型の図柄は、前述のような鳥類型の天狗像であるが、驕慢《きょうまん》ゆえに魔界におちた者として、僧衣をつけた天狗像が描かれており、剃髪《ていはつ》のみでなく有髪の天狗が登場している点も注目される。

また愛宕山曼荼羅図のなかで鳥類型天狗とともに描かれている太郎坊天狗は、鼻高・剃髪の僧侶型天狗図で、鳥類型天狗とはまったく異なったものとなっているが、同じ鞍馬山の狩野元信《かのうもとのぶ》が描いたとされる「僧正坊」天狗図（知切光歳『天狗考上巻』所収）は、鼻高であり、かつ二翼を備えたもので、鳥類型天狗と鼻高の山伏型天狗とのミックスしたものといえよう。

このように日本の天狗図は、〝鳥類型天狗〟、〝僧侶型天狗〟を経て、その延長上に修験道の隆盛と相まって〝山伏型天狗〟像が形成されてくるのであるが、〝山伏型天狗〟の図像においても有翼のものが少なくない点からすれば、図像的にみた天狗像には鳥類型のイメージ、換言すれば天空を自由自在に飛行するという天狗のイメージが支配的であるといえる。

秋葉山三尺坊（秋葉総本殿可睡斎蔵）

こうした点で、秋葉《あきば》権《ごん》現《げん》や飯綱権現《いづなごんげん》の神像も天狗のイメージと無関係ではない。両権現の神像は仏教の茶枳尼天《だきにてん》信仰が修験道に取り入れられて形成されたものと考えられている。しかし図像的に

稲綱本尊（日光山輪王寺提供）

は荼枳尼天が白狐に乗った女神であるのに対して、秋葉・飯綱両権現は狐に乗った烏天狗であり、ここに天狗信仰の影響をみることができる。ただし、鳥頭有翼を除く身体全体は、不動明王のイメージにもとづくものと考えることができ、全体としては荼枳尼天信仰・不動明王信仰・天狗信仰が習合して秋葉・飯綱両権現の神像が形づくられたものといえる。

しかし、秋葉・飯綱両権現と天狗信仰との関係をみるうえで、日光山に伝わる「稲綱《いづな》本尊」の画像は注目される。これは寛永二十（一六四三）年、円融坊東海によって奉納されたものであるが、その画像は両翼を広げた鳥類型のものであり、秋葉・飯綱両権現とはまったく異質のものといえる。むしろ日光山の「稲綱本尊」の画像は、後述する天狗の原型を仏教の迦楼羅《カルラ》像に求める観念にもとづいて描かれたものとみることができるのではなかろうか。

## 天狗と迦楼羅

これまで述べてきたように、日本の天狗の図像は鼻高の〝山伏型天狗〟と鳥頭人身二翼を備えた〝鳥類型天狗（烏天狗）〟との二つが一般的なものであるが、こうした天狗の図像が形成される原型として、鳥類型天狗は仏教の迦楼羅（蘖嚕拏《ガルダ》）像が、鼻高の山伏型天狗は伎楽面《ぎがくめん》の一つ胡徳面《ことくめん》がそれぞれ考えられている。

たとえば南方熊楠《みなかたくまぐす》は『続南方随筆』の「天狗の情郎《かげま》」において、「金翅鳥王《きんしちょうおう》（迦楼羅王）が、邦俗所謂《いわゆる》天狗像の模範たるは、浅草（寺）堂後から見える襖、障子の観音廿八部集、神山霊図彙を見れば明かだ」と述べ、『今昔物語』の天狗が女人に化けた話、女人にとり憑《つ》いた話、あるいは中国に題材を求めて天狗が美童となって現われた話などを紹介している。

また喜多村信節『筠庭雑録』では、

> 古は多く天狗の顔を、鳥の如く嘴を大きく画きしなるべし。今俗人が小天狗といへる形これなり。仮面には胡徳楽《ことくがく》のおもて、鼻大なり。また王の鼻とて神社にあるは、猿《さる》

田彦《たひこ》の面にて、此の面今の作りざまは天狗の仮面なり。

とある。

迦楼羅は仏教で八部衆の一つとされているもので、インド神話の金翅鳥（ガルダ）が発展したものとされ、龍を常食としている。インド神話では、ガルダはヒンズー教の神の一つヴィシュヌ神の乗る聖鳥と考えられており、ガルダに関する神話が伝えられている。たとえば蛇族に服従している母を救うために、天界にある不死の甘露を持ち帰る。その帰路ヴィシュヌ神と戦いになり、勝負がつかず、和を結び、ヴィシュヌ神よりも高い地位が与えられるかわりに、その乗り物となったとする神話もその一つであり、このほかにも蛇から身を守る聖鳥、蛇を常食とするに至った由来などが伝えられている（斎藤昭俊『インドの民俗宗教』）。

こうしたインド神話のガルダが仏教に取り入れられ八部衆の一つ、迦楼羅として位置を与えられたのであるが、『観音義疏《かんのんぎしょ》』巻下には迦楼羅が龍を常食とするに至った由来を述べ、『阿婆縛抄』には「一の絵図あり、形迦陵頻鳥《かりょうびんちょう》の如く、觜あり、横に三鈷杵《さんこしょ》を含み、左右に各蛇《へび》を執り、左右足は各虵を踏む」とあり、胎蔵界曼荼羅《たいぞうかいまんだら》にも鳥頭人身、髻髪《けいはつ》、翼を有して篳篥《ひちりき》をふく迦楼羅王、螺《ら》をふく迦楼羅女の二像が描かれている。また、興福寺の迦楼羅像も知られているとはいえ、日本においては単独の迦楼羅像はほとんど認められないといわれている（佐和隆研編『仏像図典』）。

迦楼羅像と天狗像の共通点は、いうまでもなく喙、二翼を有した鳥頭人身ということであり、南方熊楠がいうように鳥類型天狗像（烏天狗）の原型を迦楼羅像に求めることも可能である。しかしながら、天狗像の原型を迦楼羅像に求めるには、両者の形態が類似している以外の充分なる根拠がないようである。

インド神話の鳥類の王としての金翅鳥を仏教に取り入れ、八部衆の一つ迦楼羅像として位置づけた点と、山中の主、山の神という信仰を発展させ、天空を自由自在に飛行できるという特性から、その図像を鳥類に求めた天狗とが、その発想の類似から、偶然に一致したとみることも可能であり、天狗像の原型を迦楼羅像に求めるには、いっそうの検討を必要とするように思われる。

しかし迦楼羅と天狗との関係をみるうえでは、前述した日光山の「稲綱」本尊のごとく、迦楼羅像のイメージによるものではなかろうかと思われるものがあるほか、龍と迦楼羅像が密接な関係をもつ点において、陰山の天狗像が蛇をくわえている点や、秋葉権現の四足に蛇が巻きついている点も注目されるが、ここでは迦楼羅と天狗との異同の指摘にとどめ、結論は保留しておくことにしよう。

# Ⅲ　山と修行者

# 1　石鎚山行者伝承

## はじめに

ここ数十年間の山岳信仰研究・修験道研究には、地方修験の解明に向けた努力、新たなる資史料発掘などに目覚しいものがある。しかしながら、それでもなお未解決な今後の研究を待たなければならない課題が山積している。ここで扱う山岳修行者に関する伝承、たとえば山岳修行者ライフヒストリー、修行内容、宗教活動、行者の描く神仏の世界、庶民が抱く山岳修行者観や伝説なども、今後の研究を待たなければならない点の一つといえる。こうした点は、今日活躍しているところの山岳修行者を対象にして分析しないかぎり、十分な解決が計れない問題である。これまでの修験道研究では、文献・遺跡・遺物・伝統的な儀礼を中心に研究がなされてきたといえるのであるが、そうした研究をより深めることはいうまでもない。しかしそれとともに今日活躍している山岳修行者を対象として、それを古代以来の修験道研究・山岳信仰研究に役立てる努力をすべきなのではなかろうか。ともあれ、ここでは、高知県下の民間信仰調査の際に接した石鎚山行者をもとに、山岳修行者に関する伝承が持つ問題点の一、二について論及することにしたい。

## 石鎚山行者の事例

四国石鎚山は、古来修験道霊場としてよく知られているところであり、今日、石鎚山を背景として幾つかの修験道教団が形成されている。その一つに石鎚神社を中心として形成された先達集団があり、庶民の山岳登拝の指導的役割を担っている。しかしながら石鎚山全体からみた修験道の歴史、修験道の分布などについては未調査のため、ここでは高知県下の先達・行者を例として、そのライフヒストリーや宗教活動について述べることにしたい。

**事例一**　高知県吾川郡吾川村上北川K・Y先達

石鎚山の先達K・Y氏は、一般に「太夫さん」と呼ばれ、この地域においては勘左衛門、鎌倉六弥、同百太郎に次いで四代目の先達である。そして石鎚山登拝の指導・治病・祈禱・祓いなどの宗教活動を執行している。ここではK・Y先達自らが記した石鎚山先達としての記録と、筆者の聞き書き調査とに従って、氏がたどってきた経緯と執行している宗教活動などを素描してみる。

K・Y先達は、同じく石鎚神社の先達で大監長職を受け、その生涯に八〇回以上も登拝したという父親にかわって一八歳の時初めて登拝した。昭和十九年には軍隊に入隊したため登拝を一時中断するが、二十一年からふたたび石鎚山登拝が始められ、その後は毎年数回の登拝を行い、昭和四十八年までに実に七八回の登拝を行っている。二十三年には先達免状を受け、翌二十四年の記録には「神道ノコトニツキ伝ジシテモラウ」とあることからして、これ以降に各種の修法の習得・宗教活動がなされるようになったと思われ、氏の言葉どおり先達としての活動は戦後始められたといえよう。その後、三十一年には副監長、四十五年には特別大監長、四十八年には特選部長と昇進している。

また全国各地の山岳登拝・神社参拝も多く、伊勢神宮・木曾御嶽山・戸隠山・高野山・立山・大峰山・出羽三山・伯耆大山・出雲大社・太宰府天満宮・宇佐八満宮をはじめ、各地の山岳・神社に登拝や参拝に詣でたことが記録されている。

K・Y先達の石鎚山登拝には、個人的なものと地域の登拝希望者を引き連れて登拝するものとの二種類があり、後者の場合、石鎚山の山開き期間に当る七月一日から十日の間に行われる。この時は、まず彼が神にうかがいをたてて登拝期日を決定し、参加者一人一人の許可を受ける。そこでは身内に不幸などがある者が排除されることになる。登拝前の一週間は、魚肉類を断ち、朝昼夕の三回の水垢離、下肥などの不浄なものの接触、夫婦のまじわりなどを避けて身体の清浄を保ち登拝する。参加者は多い時で三〇人、近年では一〇人程度が一般的である。

石鎚山登拝は、山頂で御来光を仰ぐことを目的としている。しかし先達の言葉によると、この御来光は単なる日の出を拝するというものではなく、実際に神仏の姿を見ることであるという。昭和三十一年の登拝では「本山不動ノ滝ニテ役行者ガツクッタ本当ノオスガタ」を見、四十七年には「全部ノオマイリスルトコマデ　皆御来光ガ立ツ　コレホドタッタコトハ始メテ　ジツニ神鬼　有リ難キコト」を感じたと記されている。しかし神仏との接触は御来光に際してだけではなく、むしろ一定の作法を経ると自由に神との対話ができ、これによって人々のあらゆる要望に応ずることができるのである。また時には先達自身の不注意から神の咎を受けることもあり、こんな場合には、目に神の姿が浮かび、身体が電気の走ったようになり、自然とせつなくなるという。

一方、地域社会におけるK・Y先達の宗教活動には以下のようなものがある。①毎年五月二十八日、自宅の祭壇に祀る石鎚大神の祭り、この時は近郷の信者が参拝に来る、②七月九日の年二回の石鎚山登拝指導、③ハルサイ（ハルマツリともいう）、旧正月のうちに信徒の家々をまわる、⑥治病、⑤方位（金神）除け、⑥その他、家屋の新改築や縁談の良し悪しをはじめとする各種の要求に応じている。地域社会における各種の宗教活動のうち、なかでも石鎚山登拝指導と祈禱や神託の二つがその中核を占める。そのうち後者の場合は、①まず信徒の依頼内容を聞き、②神を降してその原因や事柄の良し悪しを知り、③その結果と処方を信者に指示し、⑥時にはある作法を用いて原因を取り除くという方法がとられる。治病に関する依頼では、医者にかかっても治らないものが多い。これには風邪を拗らせるなど軽い病気が重くなったもの、この地方でカゼフケと通称されるところの原因不明の病気、犬神・猿・狐・蛇・狸・七人ミサキなどの祟りや憑依によるものなどがあるとされる。

以上が石鎚山の先達K・Y氏の経歴と宗教活動を中心とした概要である。次に石鎚山修行をした行者ではあるが、石鎚神社には所属せず自らが教団を組織している行者の実例をみることにする。

**事例二**　高知市内梅の辻G・H行者

G・H氏は大峰宗覚心寺の管主であり、高知県下を中心として信者を組織している。彼がこの道に入ったのは三〇歳、昭和初年ごろのことである。そのころ最愛の妻を亡くしてすべての神仏を信仰しなくなっていたが、石鎚山には天狗が棲むというので石鎚山先達に連れて行ってもらい登拝した。その時石鎚山の裏行場にある「覗きの不動」という場所で奇蹟に会う。その奇蹟というのは、突然目に見えない力によって絶壁の前に突き出され、耳元で「神を信じると約束しろ、約束しなければこのまま下に突き落す」という声がした。しかしこのようなことをする神を信じるわけにはいかないというのであくまで約束しなかったが、最終的には石の上に自分を懸け、神は消えたというものであった。

石鎚山行者と祭壇

こうした奇蹟を体験した後、まる四年間は毎月、日を決めて石鎚山に登拝するようになった。登拝前の一週間は精進料理を食し、水垢離をとって身体の清浄を保つ。そして登拝した山中での一週間は、朝四時からの一時間の寝眠を除き、ほとんど不眠不休の修行を続け、時には火物断ち、断食などの修行をした。また登拝し修行を続ける

石鎚山登拝（西海賢二氏提供）

ようになってまもないころ、すでに霊感を得るようになったという。こうした修行を四年間続け、ほぼ五年ほどすると信者が集まるようになり、大和の大峰山など各地の山岳でも修行した。

今日では高知市内に道場を構え、不動明王を本尊として高知県下を中心に多数の信者を有する。この大峰宗覚心寺では、信者達にも自らが修行し、自分自身で霊感を感得させるという方法を取らせている。修行には、毎月の石鎚山登拝と、「寒行」と呼ぶ十一月ごろから三月下旬にかけて、中国地方以西の各地を配札してまわる修行とがある。後者の寒行には毎年一〇〇人前後の信者が参加するといわれ、G・H行者自身も四年前の七〇歳に至るまで寒行に出かけていた。この寒行にかかる費用は信者各自が負担し、配札によって受けた謝金は教団に納め、その維持に当てている。

大峰宗では教義書として、「大峰宗教義」を有する。これは全五段に分かれ各段が各一〇〇通からなるというもので、G・H行者が石鎚山に籠り神仏との間でなした一問一答を記録したものであり、この書の完成には二五年の歳月を要したという。

以上、石鎚山で修行した行者のうち二例を紹介したが、これをもとに、ライフヒストリー、修行内容、宗教活動・信者組織など、いろいろな点において多角的に分析する必要があろう。しかし現在までの段階では、その分析に必要な資料に乏しく、将来を待たなければならない。以下においては、ここに掲げた二例のなかで、特に行者の道に入った以降のライフヒストリーに視点をあて若干の検討を加えることにする。

## 山岳修行者のライフヒストリーをめぐって

先に掲げた二例は、ともに石鎚山で修行した行者ではあるけれども、そのあり方はかなりの相違が認められる。

まず行者の道に入るようになった動機についてみると、事例一では父親の先達職を引きつぐというものであり、事例二では妻の死にあい、疑心に満ちながらも石鎚山に登り、そこで奇蹟を体験した結果、この道に入ることとなった。こうした行者の道に進む動機に関して、筆者が調査した茨城県加波山における行者の場合、大病・身内の死・家運の衰微などの不幸災難に見舞われ、それを克服するために入信し修行を続けて行者になったもの、信者という立場から見様見真似で修法を覚え生活手段の一つとして行者の道に入ったものがあった。[1] また「修験道」に所属する末派修験の宗教活動を調査した宮家準氏は、修験のタイプを堂守・先達・祈禱師に巫者の四つに分類している。[2] この分類を行者に進んだ動機に適応させることは必ずしも妥当なことではないが、堂守は近世、公認されていた修験寺院の系譜に属し、巫者は山中での修行中に突然神がかりになったものを指すことからして、行者になった動機についてみることも可能である。

こうしてみると、行者の道に入った動機には各種の場合が認められるであろうことはもちろんであるが、概して親あるいは先代の職能を継承する場合、苦悩克服型ともいうべきタイプ、突然神がかりになる場合との三つのタイプ分けができるのではなかろうか。そして前述した二例は、前者が第一のタイプに、後者が第二のタイプに相当するといえよう。

ともあれ、行者・山岳修行者の道に入った以上は、山中での修行が不可欠のものとなる。事例二では四年間もの間、毎月一週間にわたる山籠を続け、事例一では約二〇年間に七八回もの石鎚山登拝を行い、それが単に一般登拝者の指導に留まらず、先達個人の登拝に際しては「通夜」、つまり夜を徹した修行をも行っている。いうまでもなく、山中での修行は超自然的能力を獲得し、それを高めるためのものであるが、なかでも神仏と接してその教えを受け、必要に応じて随時神仏と対話できる技術、また神仏の意を介する形で庶民の抱く不安を窮極的に解消させる技術などを習得することが重要なものである。こうした点は、事例一では御来光を仰ぐ、つまり神の姿を見ることに、事例二では教義書「大峰宗教義」を完成させるまでの二五年間になした神との一問一答によく表われているといえよう。

さらに修行の中で注目すべき点は、事例一、二ともに認められる諸国諸山の歴訪であろう。事例一ではほぼ全国に散在する有名な山岳のほとんどを踏破し、事例二では配札という形ではあるが、約四〇年間にわたって中国地方以西の諸国を巡回している。こうした機会は、行者の見聞を広め、新たなる神徳を悟る機会ともなる。たとえば事例一で、大和大峰山に登った際、九州大分県在住の行者と一夜をともにして語り明かした。そのことを記して「仙人ニデアイ一夜の宿を友とす。ジツニ有リガタキ霊山成リ」と記している。

中古以来の修験道史のなかで、本書Iにおいて指摘したごとく、中世期修験道の抖擻苦行、不定着の行動主義が最も修験者としての姿に相応しく、それが近世期になると里に定着し、苦行性の稀薄化・修行の儀礼化・師檀関係の恒常化がもたらされ、修験道のあり方が大きく変質したと説かれている。[3]こうしてみると、事例一、二の行者のあり方は、近世期、幕府より公認された修験道三派所属の修験一般よりも、むしろ中世期修験、比較的理想的な修験のあり方に近い形態にあるといえるのではなかろうか。

さて、行者と信者との関係をみると、事例一では、地域住民のなかの石鎚山登拝希望者の指導・治病祈禱など地域住民の不安を解消するための各種の宗教活動をしていることは前述した通りである。事例一の先達の宗教活動をその地域社会の伝統的信仰体系のなかでみるとすれば、次のようになるのではなかろうか。

一般的にみて、日本の村落社会に認められる信仰体系は、村の鎮守氏神・同族の神・家の神というようないわゆる氏神型信仰が重層的に存し、その一方で近世期制度化された寺檀関係が保持され、葬祭・追善供養をその主要な役割としているものとの二つが重要な柱となり、これに講・小祠をはじめさまざまな信仰が複雑に絡み合って形成されている。こうしたなかにあって前述した事例一の先達の場合、氏神型信仰の末端に関与しているといえよう。ただし、氏神信仰・寺檀関係という二つの主柱では必ずしも解決できない宗教領域、つまり病気、祟り・憑きもの・縁談や新改築の良し悪しなどの現世利益的・功利的・個人的な事柄の多数を占める領域が、先達にとって最も活躍できる場であるといえよう。そして、こうした混淆として不安定な領域で特にマイナス面が発現した時、地域社会の伝

行者のライフヒストリー

| 事　項 | 行者になるまで | 修行・神仏の接触 | 対信徒の宗教活動 |
|---|---|---|---|
| 事例一 | 先達の指導で登拝<br>↓<br>父親の先達職を継承 | 石鎚山登拝<br>御来光を拝する<br>諸国・諸山の歴訪 | 石鎚山登拝指導<br>治病などの祈禱・祓い<br>ハルマツリ |
| 事例二 | 妻の死<br>↓<br>先達の指導により石鎚山登拝↓<br>山中で奇蹟を体験 | 石鎚山登拝・山・神との一問一答<br>中国地方以西の各地への寒行 | 教団の形成・維持<br>信者の指導・布教 |

統的宗教の枠組の内部において、行者の宗教活動はそれを補完するものといえるのである。

　これに対して、事例二の行者は先にみたごとく、地域社会の信仰体系から脱却して、新宗教のカリスマとしての道を歩んでおり、この点が事例一と大きく相違する点である。けれども事例二の場合といえども、これを巨視的にみれば、民間信仰から決して逸脱したものではなく、むしろ民間信仰を教団存続の基盤にすえていることは、他の多くの新宗教が示しているものと同様であるといえる。

　これまで、石鎚山において修行した二人の行者について、行者の道に入ってからの経緯と、宗教活動などについて検討して来た。これを要約すると上の表のようになる。このうち、修行の面を中心にみると、修験道の祖と仰がれる役行者伝承や中興伝承と非常に類似した部分が多いことに気付く。

役行者伝承に関しては、「役行者本記」「役行者顛末秘蔵記」をはじめ、行者の行跡を記した類本が多い(4)。ここでは、省略することにするが、数多くの霊験譚や諸山の歴訪・奇蹟などが描き出されている。しかしながら、先学の研究によっても明らかなように、歴史上の人物としての役行者は史実として確定できる部分はほんのわずかであり、記録されている多くの部分、なかでも霊験譚・諸山の歴訪・奇蹟などは、修験道が組織化されその始祖と仰がれるようになった以降に創作されたものとされている(5)。そしてこれまでの研究では歴史上の人物としての役行者像を描き出す点に主要な視点が向けられ、創作部分のほとんどが切り捨てられてきた。

しかしながら、先に述べた二例の行者の体験や行者が語る神との交渉などをみるとき、役行者伝承の創作とされる部分でも、それを単に想像、空想として切り捨てるのではなく、かなり現実の修験者達の姿を反映させているとみることが可能なのではなかろうか。特に修験道のように、呪術的宗教領域に深く根ざし、修行者自らの修行を通して霊的能力を獲得し、その霊的能力の高揚を計ることに修行の中心をおく宗教においては、奇蹟とか神秘的体験が重んじられ、それをもたらす修行が重要視される。こうした点からして、修行内容・霊験・奇蹟など役行者伝承において可変部分であるところは、修験者のより理想と考える事柄が次々と追加されてきたものと思われるが、それが単なる空想ではなく、・修験道の世界の中で、始祖伝承の形成⇅始祖の行状の追体験という循環の繰り返しによって、形成されてきたと思われる。それゆえ、今日までの役行者研究では切り捨てられてきた部分でも、あらためて後代の修験者達のあるべき、そして事実あったであろう姿を反映しているとみて、再評価しなければならない点があるのではなかろうか。

たしかに近世期以前の修験道に関する史料は少なく、個々の修験の行状、なかでも神秘的部分を語る史料はほとんどないといっても良いであろう。しかしながら今日活躍しているところの修験や行者に目を向け、彼らの修行内容・宗教活動ばかりではなく、彼らが描き出す霊界や神仏との交渉を分析することによって、修験道の世界をより鮮明にすることができるのではなかろうか。

**注**

(1) 筆者の昭和四十八年行者調査より。
(2) 宮家準『山伏——その行動と組織——』昭和四十八年十一月。
(3) 和歌森太郎『修験道史研究』(東洋文庫)。
(4) 『修験道章疏』(『日本大蔵経』所収)。
(5) 前掲注(4)に同じ。

## 2　修行者としての僧侶

### 仏教と修験道

僧侶は、仏に仕える者であると同時に、救いを求める信者を擁している。それ故、僧侶にみる修行は、一方で宗教者一般に共通する部分を保持しているであろうと思われるのであるが、他方では一つの道を究めようとする修行一般の意味とは異なる僧侶独自の修行の世界を形成しているといえよう。さらに僧侶の修行が諸宗派の掲げる教理・教説、あるいは教団体制と無縁のものでないとするならば、修行の形態や意味付けに宗派ごとの相違が認められることも当然のことといえる。しかし仏教に関して門外漢の筆者にとって、僧侶の修行あるいは修行者としての僧侶を論ずる資格はない。

筆者は、修験道や山岳信仰を通して日本の民俗宗教を解明しようと考えているので、ここでも修験道における修行を念頭におき、それと対比しながら、ある僧侶の修行の体験を通して、僧侶の修行について若干論じてみようと思う。

## 小僧と修行

今日、多数の密教関係の著書が刊行され、比叡山の二千日回峰修行を達成した酒井雄哉氏や阿含宗桐山靖雄氏などが広く世に紹介されているごとく、一種の密教ブームの観を呈していると称してもよい。しかし、これから紹介しようとする僧侶は、酒井・桐山両氏に代表されるような傑出した僧侶ではなく、ごく一般の僧侶と称することができる。ただし比叡山の荒行の一種、百日回峰行などを経験し、行者（修行者）に特別の関心を抱きながら、現在は、僧侶として自らがおかれた環境のなかで、その思いを果たせないでいる二人の僧侶を中心とし、特に僧侶になるための修行、およびその前後の修行について紹介することにしよう。

一人は筆者の友人であり、栃木県の日光山輪王寺所属の僧侶である柴田立史氏である。柴田氏は、修験道研究で知られる慶応大学教授宮家準氏のもとで日光山修験の入峰修行に関する論文をまとめた後、比叡山に登り、九十日間の常行堂での修行、百日回峰行などの荒行を修め、さらに日光山に帰山した後も五カ月間にわたる大千度行《だいせんどぎょう》を成し遂げた僧侶である。他の一人は柴田氏の同僚で、比叡山無動寺の小僧を経験した後、百日回峰行を修めた日光山浄土院の僧侶今井昌英氏である。現在、今井氏は、輪王寺三仏堂に勤務し、柴田氏は既に輪王寺宝物館の副館長という要職にあるが、共に三十代の若手で将来を嘱望されている僧侶といえよう。

柴田氏の場合、自らの体験をもとに比叡山百日回峰行をまとめており(「比叡山の回峰行」『山の祭りと芸能』(上)所収)、こうした荒行に入ったのは、卒業論文として日光山修験の入峰修行をまとめたことが直接の要因ではなかろうかと思われるが、自らは、当時抱いていた人生上の悩みに区切りをつけるためであったと称している。一方、今井氏は、大正大学一年の時、日光山で四度加行《しどけぎょう》を終え、三年の時に比叡山行院に入って僧籍を得るが、この時に会った行者に感銘を受けたことが転機となり、また他所で僧院生活をしばらく続けたいという考えから、大正大学を卒業した後に二年間比叡山無動寺でいわゆる小僧生活を続けながら叡山学院の専修課を修め、三年目に百日回峰行を行っている。

天台宗の僧籍を得るためには、比叡山行院に二カ月間入り、いわゆる行儀見習一カ月、四度加行(十八度、金剛界、胎蔵界、護摩供)一カ月を終えることが必須の条件である。ただし四度加行は他山において修了することも可能で、日光山もその一つである。日光山における四度加行は、一山の長老が指導者となり、教務部が総がかりで修行者の世話をするという。修行者は、一カ月間外界との交渉を一切断たれ修行の毎日をおくるが、そこでの一日の生活は、まず午前二時に起き水垢離をとることに始まる。そして投地礼拝、修法、読経と後夜座を終え、日光山内の社寺仏閣・聖地を数時間かけて巡拝する遶堂《ぎょうどう》をする。遶堂から帰って日中座、護摩木作りなどの作務《さむ》、初夜座などの日課をこなすが、自由な時間も密教諸修法習得のため、先輩諸僧の教えを受けて練行をすることが多く、いずれにしても修行三昧の生活を過すことになる。ただし、日光山での四度加行のなかに山内の遶堂が含まれていることは日光山独自のもので、旧来の日光修験の修法が組み込まれたものといえる。

一方、比叡山でのいわゆる行儀見習は、天台の教学、法華経をはじめとする諸経の読誦、法会・儀式の模擬など、文字通り天台宗僧侶としての知識を体得する場である。そのほか、掃除や護摩木作りの作務、三千仏礼拝・五体投地礼拝・三塔(東塔・西塔・横川)順拝、一度ではあるが回峰行などが含まれている。こうした行儀見習・四度加行の二カ月間について、柴田・今井両氏共に無我夢中であったと述べているように、多くの僧侶にとって諸知識・諸修法の体得に精一杯であったであろうことは想像に難くない。しかし門外漢の筆者の目からみると、回峰行や大千度行などが組み込まれているということは、行院での生活が単に僧侶としての知識と修法の習得にとどまらず、僧侶がもつ修行者としての側面を悟らしめる意味も含まれているように思える。

ただし、二カ月間の行院生活は、天台宗僧侶であれば誰もが体験することで、必ずしも特筆すべき事柄ではなかろう。けれども今井昌英氏が経験した無動寺での小僧生活は興味深いものがある。無動寺は比叡山東塔の中心であり回峰行の本拠地である。今井氏はそこに小僧として入り、当時千日回峰行を行っていた行者、内海俊照阿闍梨《あじゃり》に師事する。そして前述のように小僧生活をおくりながら二年間の叡山学院専修課を修め、三年目に回峰行を体験する。小僧生活は、一言でいえば下働きである。掃除・炊事・水汲み・肥汲み運搬は勿論のこと、阿闍梨や行者、訪れる信者の世話に明け暮れる。睡眠も四、五時間が普通で、何ごとをするにしても阿闍梨の許可が必要であり、今井氏によれば、自分自身の自由な時間というものがなく、唯一叡山学院に通うことが楽しみであったという。ただし、叡山学院への往き帰りも、無動寺とその下のケーブルカーの終点までの荷物運搬が日課となっていたという。こうした小僧生活のなかで特別な教育を受けることは何もない。阿闍梨や行者、信者との日々の接触を通して様々の事柄を習得するのであり、今井氏の失敗談の一つに、阿闍梨の留守の間に若い女性の信者が訪ねて来たが、その女性の悩み事をいろいろと聞き説教をしたところ、その信者が泣いて帰ってしまい、後に阿闍梨に分をわきまえるよう叱られ、女性のもとへ詫びに行ったことがあったという。この一例が示すごとく、日常生活のなかで様々な事を学ぶのが小僧生活であり、逆に小僧自身に期するところがなければ、何も得ることのできない世界といえよう。

## 苦行とその形態

僧籍を得るための修行を終えると、その後の行者としての修行は、本人の意志次第ということになる。今井氏が回峰行に入ったのは、直接的には阿闍梨の勧めがあったからではあるが、小僧時代を通して抱き続けた行者への尊敬の念が背景をなしていることはいうまでもない。

比叡山における苦行には、よく知られている回峰行のほか、九十日間にわたって常行堂に籠り、念仏を唱えながら堂内を歩き続ける常行三昧、ただひたすら坐り続け、修法を続ける法華三昧などがある。筆者が柴田立史氏の修行に注意をひかれているのも、約一〇年ほど前に氏が九十日間常行三昧《じょうぎょうざんまい》の修行を終えてまもない頃に、筆者の勤務する大学を訪ねられ、雑談ではあったが、常行三昧の様子を聞き、一種の衝撃を受けたことによる。それは、前述のように行者一人に対して一つの堂が与えられ、風呂・便所のほかは堂内に籠

回峰行者の姿（今井昌英氏）

り、南無阿弥陀仏の念仏を唱えながら、ただひたすら歩き続けたこと、修行に入って数日間は幻覚や雑念に悩まされたこと、常行中眠りながら歩いたこと、知らないうちに壁にもたれたり床に倒れて眠っており、ハッと我にかえって歩き続けたこと等々。雑談として聞いたにもかかわらず、その修行の過酷さを現在に至るまで鮮明に記憶しているためである。

さて、比叡山の回峰行は、千日回峰行として知られているごとく、無動寺に本拠地をおき、十二年の籠山と独身であることが義務付けられ、一千日の間、一山の東塔・西塔・日枝神社・坂本を中心として、諸神諸仏、祖師先徳、塚、神聖視されている岩石、滝、樹木などの自然物を礼拝して歩く修行である。一般には七年で千回廻るものとされ、一年目から三年目までは各百日、四、五年目は各二百日、六、七年目で三百日を廻り千回の巡拝を達成する。一日に歩く距離は、五年目までが三〇キロ、六年目は「赤山苦行」と称されて五〇キロ、七年目の最初の百日間は「京都大回り」と称されて八〇キロの行程を毎日踏破する。また一年目を新行、四、五年目の行者を白帯行者、六年目を当行満、七年目を大行満と称し、千日回峰行を達成した行者には大阿闍梨の称号が与えられる。しかし千日回峰行を成し遂げた行者はそれほど多くはない。主として初めの百日回峰行を経験する者が多く、希望する者は先達会議の許可を得て許される。

一方、日光山における大千度行は、日光山山内の諸神諸仏、聖地を巡拝するもので、比叡山の回峰行と類似しているが、巡拝する範囲が比叡山ほど広くはないこと、正・五・九月の年三回始められること、五カ月百五十日間で千度の巡拝を達成するため、一日六、七回の巡拝を繰り返すこと、そして何よりも比叡山のように制度化されていないことなどに相違がある。しかし一日に歩く行程は四、五時間を費すというから、ほぼ比叡山回峰行の行程に匹敵するものといえよう。

いずれにしても、回峰行の装束は白一色であり、独特の檜笠の中央に不動明王の種子が書かれ、その形が蓮華の花を形どっていると称されることでも明らかなごとく、行者は生身の不動明王を象徴しているものであるといえよう。また腰に巻く麻紐を「死出紐」と称し、腰にさす短剣が行に失敗した時の切腹用、笠のなかに収められた六文銭は、三途の川を渡る船賃などと解説されていることでも理解されるように、不退転の覚悟が要求される苛酷な修行である。

五十歳を超えて僧籍に入り、さらに百日回峰行を体験し、その時の様子を日記にまとめた平松澄空著『比叡山回峰日記』には、無事に百日回峰が達成できるかどうかの不安、足のはれに悩まされ続けたこと、それにもかかわらず歩き続けられたのは不動明王に縋り、「やらせてもらっている」という観念であったことなどが随所に散見する。前述の今井氏の場合にも、回峰行を無事に成し遂げることができるかどうかの不安から、それを先輩行者に尋ねたところ、「やろうとして、やれないものはない」という答えが返り、それを頼りとして、また不動明王に「歩かされている」という観念によって遂行できたという。こうした例からみて、回峰行は肉体的な極限状態をつくりだし、精神力のみがそれをのり超えさせるものであるとみることも可能であるが、あるいは自分自身を無にし、不動明王の力を確信することだけが、回峰行を達成させる原動力であると称した方が的を射た言い方かも知れない。

いわゆる「荒行」と称される修行状態は、天台宗に限らず他宗派においても採用されており、日蓮宗の荒行もその一つである。日蓮宗の場合、中山法華経寺に設けられた「日蓮宗加行所」という行堂に籠り、一年で最も寒い小寒・大寒をはさんで十一月一日から二月十日の出行までの百日間、一日七回の水行と日課の読経三昧にあけくれる。初行の者の百日間はその全てが自行と位置付けられているが、二年目からの行者の修行は、入行から三十五日の自行と、その後の三期に分けられた化他加行《けたけぎょう》とに分かれている。いずれにしても百日間の荒行によって、「目には見えないが、『妙法経力』が自己の心身に功徳霊気となって蓄積し、祈禱修法に当ってこれが発動を見、修法を受ける人々に効験利益を顕して妙法弘布の大願をも成就する」（『日蓮宗事典』）と解説されている。

これまで述べてきた回峰行や日蓮宗の荒行は、その形態こそ異なるとはいえ、修験道の山岳修行と類似している。修験道が野性の宗教であり、苦行・代受苦・罪と穢れを恐れる宗教であるところに、その特色の一つがあるとするならば（五来重『修験道入門』）、水垢離をとって身を清め、肉体的な極限状態において修行をする回峰行や荒行は、修験道のあるべき修行そのものと称してもよい。しかし冒頭で述べたごとく、修験道が山岳修行を通して霊的能力を身につけ、験力を得るための修行であることからすれば、修行のもつ意味に若干の相違が認められる。

その点で、高野山事相講伝所《じそうこうでんしょ》（円通寺律院）の加行は、回峰行や荒行とは様相とその意味とを異にしているが、筆者の立場からみればやはり苦行の一種といえる。最近、高野山大学で、山岳修験学会が催され、その折に同大学の日野西真定教授の紹介と案内を得て、修行僧を指導している本多隆秋氏から短時間ではあるが、円通寺律院における加行の様子を伺うことができた。ただし筆者が密教修法の門外漢であることや、セットしていた録音テープが、不注意から何も収録されていなかったこともあり、ここでは調査ノートを頼りに概要を述べるに留めざるを得ない。

円通寺律院では、今日においても女人禁制を保持しており、古くから虚空蔵菩薩の求聞《ぐもん》持法《じほう》を修める道場として知られてきた。求聞持法の修行では、虚空蔵菩薩を祀る堂に籠り、蕎麦粉《そばこ》と牛乳という食事だけで五十日間にわたって真言を唱え続けるというもので、結願の際に修行が成就したことを示す奇跡もいろいろと伝えられている。一方、加行では三〇人の修行者が百日間にわたって密教の諸修法を体得する。一日の生活は午前三時に起き、初夜・日中・後夜の三座の勤行をはじめ修行に明け暮れる毎日であるが、午後の作務と食事の時間、睡眠までの一、二時間が修行から解放される時間であるという。また本多氏の言葉によると修行そのものは派手なものでもなく、修行者にとってはそれほど困難なものでもないため、諸修法の厳密さ・厳格さを要求しているという。さらに興味深いことには、原則として病人がいないことになってはいるが、意外と胃潰瘍などの病気にかかる者が多いといわれる。それは食べ過ぎる者が多いこと、私語も出来る限り慎しむ生活を続け、毎日が同じ日課の繰り返しであり、変化が少ないことからくるストレスのためである。こうした点からみると肉体的にはともかくとして、精神的には非常に苦痛が伴う修行といえよう。

また円通寺の加行を希望する者も多く、様々な人々が申し込んでくる。全体としては高野山派寺院の住職の継承者が半分、他の者が半分という。しかし申し込みに来る者のなかには、弘法大師の導きで来たと称する者、験力の体得を求めて来る者、神がかりをする者なども少なくない。けれども円通寺律院での修行が集団加行であり、前述のように修法の厳密さ、僧侶のあるべき姿や仏に仕える道を自覚させるための修行であるため、そうした人々のほとんどは入行を断られる。こうした円通寺律院の修行は、前述した回峰行や日蓮宗の荒行とは大分様子を異にしているが、苦行性という点では、同レベルのものといえる。しかし、修験道と対比してみるとき、円通寺律院で入行を断られる類の多くの人が修験道に包摂されており、ここに両者の基本的な相違の一つがあるといえよう。

## 僧侶の修行と信者

これまで、僧侶になるための修行と、その後の行者の修行とについて、その一端を紹介してきた。いうまでもなく、前者の僧籍を得るための修行は僧侶全てが、それぞれの宗派の規定に従って体験することであるが、後者は僧侶の意志にもとづいて行われる修行である。後者の修行にも自行と化他行《けたぎょう》の二種が含まれているごとく、仏に仕える僧侶として質を高める意味と、檀信徒の息災延命・所願成就を願い、信者に代わって修行を修める意味とが含まれている。特に化他行が信者の側からみれば望まれる好ましい僧侶であり、さらには生仏として信仰される所以であろう。事実、回峰行や日蓮宗の荒行において、行者は信者からの供養を受けており、これがまた行者にとっての励みともなっている。しかし、信者が生仏として行者その人を信仰対象とすることと、行者自身が生仏あるいは仏の境地に到達したと感じることとは別問題であり、おそらく行者達にとっては仏の境地に到達したと感じることは一生涯あり得ないのではなかろうか。

柴田氏によれば、信者の求めに応じて行う様々な加持祈禱も、僧侶は濾過器《ろかき》みたいなもので、信者の悩みや願いを仏に伝え、仏の力を僧侶の加持を通して信者に及ぼしているにすぎないという。つまり僧侶は仏と信者とを結び、その中間に位置する媒介者という意味であるが、媒介者としての質は修行と密接な関係があることはいうまでもない。媒介者とする考え方も、修験道と基本的に相違するものと思われるが、僧侶にとって如何なる質の濾過器たりえるかという点こそが、修行を通して体得したり、修行者という性格の鏡に映して自戒しなければならない事柄なのかも知れない。また柴田氏にとって、最も苦しかった修行は、日光に帰ってからの大千度行であったという。それは昼間輪王寺所属の僧侶として勤務しながら夜間の修行をしたためで、精神的に修行に専念できる状態にもっていくことが大変であったという。そして、むしろ先に紹介したような修行に専念できる行者を羨ましいと述べた言葉は非常に印象的であった。あるいは僧侶の多くは、そうした思いでいるのかも知れないが、この思いこそが、修行に専念できないでいるほとんどの僧侶にとって重要なことなのではなかろうか。

# 3　修験者たちの道

## はじめに

修験者たち、つまり山岳で修行し霊的な力を得て、対庶民の宗教活動をする宗教的職能者の道は、いうまでもなく信仰の道である。しかし修験者たちの道には、レベルを異にする二つの道、つまり実際に修験者たちが跋渉《ばっしょう》する道と、茶道・花道と同じ意味に使われる観念的な「道」とがある。そしてこの両者の道は密接に結びついており、観念的「道」は、さらに修験者たち自らが、崇拝対象とする大日如来や不動明王と一体化し、邪神や邪霊を排除したり託宣や予言をする能力を得るための道と、庶民の苦悩・不幸を救う道とに分けることができる。換言すれば、修験者たちにとって前者は修行のための道、後者は救済のための道と称することができよう。

同じように、実際に修験者たちが歩く道も二つに分けることができよう。その一つは修行のために主として山中を跋渉する道であり、他方は庶民との間で結んだ師檀関係にもとづき、各地の檀那を訪れるための道である。つまり修験者たちの道は、修行のための道＝山中の道＝修験者独自の道と、布教・庶民救済のための道＝里の道＝庶民の道の利用という二つの道があるといえるのではなかろうか。

もっとも、これはあくまで理念型であり、里の道を修験者たちが修行の場とすることも認められる一方、修験者の専有するところであった山中の道を、庶民が現世の利益・諸願の成就を求めて歩くことも少なくない。このように修験たちの道にも歴史があり、そこにも修験者・庶民の信仰が反映されているといえよう。そこで、ここでは修験者たちの道を信濃国の戸隠山・木曾御嶽山を通して具体的にみることにする。

## 廻峰の道と山頂への道

さて、修験者たちにとって修行のための道は主として山中において展開される。その山岳は里人の目からみると死して後に魂の集まる他界であり、鬼・精霊・悪霊など諸々の超自然的存在が棲息する他界・異郷である。同時に、そうした山岳は、一般庶民が容易に入山することを拒否し続けてきた。それ故にこそ、修験者たちは他界・異郷と考えられている山中で、岩屋に籠ったり滝にうたれるなどの修行、あるいは巨岩や絶壁をよじ登るなどの苦行を通して、霊的な超自然的能力を身につけることができるのである。

信濃国戸隠山は、平安時代末の『梁塵秘抄』に「伊豆の走いる、信濃の戸隠、駿河の富士山、伯耆の大山、丹後の成相とかや、土佐の室生門、讃岐の道場とこそ聞け」と記されているように、古くから修験の道場として知られてきた山である。またここには三十三の霊窟があるといわれている。戸隠山の縁起『戸隠山顕光寺流記』には、戸隠山が学問行者によって開かれたこと、地主神たる九頭竜《くずりゅう》を鎮め、九頭竜権現として祀ったこと、本院（奥院・奥社）、福岡院（のち宝光院・宝光社）、中院（中社）の三院が成立したことなどを述べられているとともに、戸隠山を両界曼荼羅《まんだら》とし三十三カ所の霊窟を列挙されている。煩雑さをいとわず、その三十三の霊窟を述べると、次のようなものである。

第一本窟（宝窟ともいう。本院権現堂　聖観音）　第二東窟（薬師如来）　第三中窟（地蔵菩薩）　第四西窟（金剛蔵王窟とも）　第五大窟（殿釈迦如来窟とも）　第六獅子窟（文殊師利菩薩）　第七象窟（普賢菩薩）　第八虚空蔵菩薩窟　第九愛染王窟　第一〇不動窟　第一一降三世窟　第一二軍荼利窟　第一三大威徳窟　第一四金剛夜叉窟　第一五毘沙門窟　第一六帝釈窟　第一七辨才天窟　第一八経蔵窟　第一九妙法窟　第二〇般若窟

第二一智恵窟　第二二歓喜窟　第二三仙人窟　第二四竜窟（九頭竜）　第二五鷲窟　第二六金窟　第二七五色窟　第二八三層窟　第二九日中窟　第三〇大捊窟　第三一小捊窟　第三二長窟　第三三大多和窟

このように仏の名称をはじめ様々な名称が付けられた三十三霊窟を列挙し、さらに「この外山中の秘所など具にこれを註せず、一を以て万を察するのみ」と、三十三霊窟以外に多数の聖地・行場が散在することを記している。

また天保十四年（一八四三）、美濃の豊田利忠の著した『善光寺道名所図会』巻四には「抑奥の院嶽に三十三の嶽窟あり　各其号図に顕然たり　東は黒姫山まで山脈続たり」「乙妻山・高妻山是を剣の岑といふ　又両界山とも称す　金胎部の曼荼羅を地に敷たるを以名とすとぞ故に参詣の輩此登口にて草鞋を替る　いつの頃よりか道通に十三仏を置て順路を示す　各青銅仏にて不動尊のみ石像なり　例年六月朔日より七月晦日まで御山明とて登山をゆるす」と記されている。

ただし三十三の霊窟は時代によって若干異なっているようであるが、いずれにしても元来は修験者たちの修行場であり、それが江戸時代になって戸隠山裏山への庶民の登拝が許されるようになったのである。元禄十四年（一七〇一）、戸隠山では信者の登山が盛んになっていることを反映して、「両界山参詣掟条々」を定めており、「参詣堂（道）者、湯殿行同前、

其二
大日
中岳
本社

戸隠山三十三霊窟を描いた図（『善光寺道名所図会』より）

身を浄め登山致すべきこと。山先達三院より出し申すべく事」など、一〇カ条にわたって、登拝期間・道者の宿泊・山関札・駄賃などの取り決めがなされている。こうしたことからみると、修験者の修行場であった霊窟が信者を引きつける宗教施設へとその意味合いを変化されていたことが理解できよう。

もっとも、近世期に戸隠修験独自の峰入修行が行われていたものか、はなはだ疑問であり、むしろ集団的な修験の廻峰修行はなかったとみるべきであろう。確かに修験道一般でいう順峰・逆峰、あるいは「従㆑因至㆑果」「従㆑果至㆑因」という言葉も使用されているとはいえ、花の会・柱松などの行事の意味付けに使われており、廻峰修行を示す史料がみあたらない。しかし、修験道一般の修行のあり方、およびその歴史からみて、奥社・中社・宝光社の三谷を囲む戸隠山・高妻山・飯縄山などの山々、三十三霊窟などを廻峰する入峰修行が、より古い段階には行われていたとみることも可能なのではなかろうか。ともあれこうした霊窟を結び、あるいは峰々を結ぶ道は、岩を登り沢を越え、常人ではとても行くことができないような道なき道である。昭和三十九・四十年に、戸隠総合学術調査の一環として山上霊窟の発掘が行われ、仏像をはじめ多数の遺物が発見されてはいるものの、勾配四〇度もある急斜面を登ってようやく到達できる場所や、かつての行場らしい所と推定されながらも道がないために調査できなかった所があったことでも明らかなごとく、想像を絶するような道であり、むしろ道なき道と称した方が妥当であろう。

ところで修験者たちの修行は、大きく三つに大別できる。その一つは戸隠山の霊窟などに籠って修行する籠り型であり、第二は霊窟・巨岩・滝などが有機的な関連をもって行場が構成され、そうした行場を抖擻《とそう》（廻峰）する抖擻型の修行、第三は山頂をめざす登頂型の修行である。このうち最も修験者らしい修行形態は第二の抖擻型の修行形態といえる。しかし、信濃の国における修験者たちの修行は登頂型が支配的であり、それが庶民の山岳登拝に継承されてきたと思われる。その代表的山岳が木曾御嶽山であり、浅間山であるといえよう。

木曾御嶽山も古くから信仰が寄せられてきた山であり、中世の頃、修験道の隆盛に伴って金剛蔵王権現が勧請されて修行の道場としても発展してきた。しかし、木曾御嶽山が全国的にその名を広めたのは、江戸時代の中頃、尾張の覚明行者・江戸の普寛行者の登拝があり、軽精進による登拝が許可され、また両行者の系譜に属する行者たちによって各地に御嶽講が成立された以降のことといえる。こうした御嶽行者たちも修験の一群であり、修験道史全体からみても富士行者・富士講とともに特色ある信仰を今日に伝えている。そこで次に主として生駒勘七著『御嶽の歴史』にもとづきながら、木曾御嶽山の登山道、山頂までの道を中心に述べていくことにしよう。

御嶽古図に示された御嶽登山道
（生駒勘七著『御嶽乃歴史』宗教法人木曾御嶽本教刊より）

まず御嶽山では、山麓部の登拝口に発心門（東）、修行門（南）、菩提門（西）、涅槃門（北）の四門が設けられ、それより山頂までの空間が神聖な場所とされている。しかし近世期以降主要な登拝口は黒沢口・王滝口の二カ所であった。また前述した軽精進が許可されるまでは、「古来より御嶽登山本精進潔斎百日、中精進潔斎七十日、下精進は四十日より相定り六月十五日唯《ただ》一日の事に御座候」（天明六年六月御触留）とあるように、長期間の精進潔斎を行った後でなければ登拝することができなかった。こうした精進潔斎のあり方が、登山道の未整備に加えて一般庶民の登拝を一層困難なものにさせていた。

ところが、覚明行者の登拝を契機として、寛政四年（一七九二）「今般御嶽登山軽潔斎にて登山致し為され中度」となり、「潔斎二七日別火に合火堅く無用、もっとも一日にこり三度づつ、衣服等清浄なるを御用いなされるべく候」というように、二七日の潔斎と一日三度の垢離をとることで登拝ができるようになった。また「他州の衆中は潔斎の儀、不案内にこれ有るべき故、私方へ来通り相願候はば出入の日の潔斎にて登山致しなされる様仕るべき候」とあるごとく、遠方から来る登拝者が容易に登拝できるよう便宜がはかられている。

登山道は、黒沢道・王滝道の二つの道を登り、屋敷野で合流した後、飯ノ老翁―千本松原―西の御前―御湯権現・大江御前―垢離カキ渡を経て、山頂の金剛童子・王権現・月の権現に至るというものであった。全山が神聖視されているとはいえ、とりわけ山頂が神聖視されており、金剛童子が祀られている場所では草鞋《わらじ》をはき替えたといわれる。また、かつては、金剛童子の場所からは女人の登拝が許されず、より古い段階では、大江権現・御湯権現のあたりまでしか女人の登拝は許されなかったと伝えている。

登山道は、中興の祖ともいうべき覚明の改修工事をはじめ、幾度かの改修工事を経て今日に至っている。覚明は古道の改修にとどまらず、百間滝を経由する道を開いたとされるほか、文久年間に松尾の滝、さらに日出の滝、大祓の滝など各地の御嶽講社による新たな行場が設けられていることも注目される点であろう。

また普寛行者の努力によって、三笠山を経由して日ノ権現に至るルートが開かれ、幕末の頃には多くの道者の登拝をみている。このほか御嶽山登拝者のための便宜を計って行小屋や休泊小屋などが設けられるようになった。いずれにしても、御嶽山頂への登山道は、覚明・普覚両行者以降、道者の増加に伴って、より容易に登拝できるように改修され、休息のための小屋など付属施設も整えられるようになり現在に至っている。

以上、戸隠山・木曾御嶽山を取り上げて修験者たちの道について述べてきたが、廻峰・登頂の道はともに修行のための道、信仰に裏打ちされた道といえよう。しかし両山における修行のための道は、廻峰型の道・登頂型の道という相違ばかりではなく、戸隠山の霊窟をめぐる道は現在でも使われているとはいえ、主として過去の道であり、木曾御嶽山の登拝道は、木曾御嶽本教の活発な活動でも窺うことができるように、現在の生きた道であるという両者の相違も指摘することができる。それは、前者が近世期に御師化し、さらに明治初年の神仏分離によって修験道の山としての性格を喪失させたのに対し、後者が修験の山としての性格を一層強めてきた相違にもとづくものといえる。

## 里への道

山中あるいは山頂への道は、基本的に修行のための道であった。しかし前述したように、修験者の専有するところの道であったものから、次第に一般庶民へも解放されるようになり、現世利益・死後の浄土への旅立ちの確証などをはじめ、諸願の成就を求めて多数の一般庶民が登るようになったのである。こうした山中における道のもつ意味の変化は、修験者たちの性格の変化と表裏一体の関係にあり、修験者たちが宗教性とともに経済性を重視するようになったことを示している。しかし一般庶民にとっては目的達成のための修行の道であることに変わりがない。つまり山中の修行の道としての性格は、修験者から一般庶民へと移ってきたとみることも可能であろう。

修験者たちが次第に山の修行者としての性格を失い、里に定着して村の祈禱師・呪術師となっている一方で、山岳に留まり広範な地域から信者を獲得し、檀那への配札と登拝者の宿泊をつとめる御師となってきたことは、近世期における修験の一般的傾向であった。戸隠山の場合も例外ではなく、御師制度を著しく発達させた代表的山岳の一つである。先に紹介した戸隠山の「両界山参詣掟」は戸隠山信仰が普及し、その結果多数の登拝者をみるようになったことを示している。また安永三年（一七七四）、中院・宝光院が三院老分に提出した願書では、「奥院谷は寺禄もこれ有り候えども、両院の衆徒は無禄同様の躰に御座候えば、諸檀家・諸参詣の助力ならでは、平日の営みは申すに及ばず、寺院相続致し方これなく、難渋極まるの筋合にご座候」と、中院・宝光院衆徒が檀那や参詣者に経済的に依存していることを述べている。そして門前居住の馬持ちの者が大久保・善光寺迄の駄賃付けをしているが、彼等が参詣の者・道者に対して、目指す宿坊が無住になっているとか、貧乏な宿坊である、廻り道をしなければならない、法外なお布施を取られるなど、種々の謀計をめぐらして自宅に泊めているので、それを禁止してほしいと訴えている。

こうした道者の宿坊とともに、御師にとっての主要な宗教活動の一つは、各地に散在する檀那・講中への配札であり、それは御師にとっての重要な収入源となっていた。宝光院谷薬師院が松本領を廻檀した折の記録、天保五年十一月「松本領諸事控」によると、領内を十三泊十四日の日程で五九カ村をまわっており、大札・たばこ札・家内安全札・牛王札など各種の札（紙札・木札・箱札の別あり）を配付するとともに、たばこ入・扇子・箸・薬などの土産物を持参している。御師は配札・祈禱の返礼として初尾《はつほ》を受けるのであるが、薬師院が廻檀した松本領の場合は、小麦・豆・胡椒などが多かった。また「荷送り」「あんない」「だちん」などの記載が随所にみられることからすると、案内人兼荷物持ちを従えて村々の配札・祈禱を行い、受けとった初尾を荷造りして戸隠山に送っている御師の姿を推測することができよう。ただし現物で貰うことが多い初尾は、途中で売って銭に替えることが少なくなかったといわれている。

御師の廻檀はそれが持つ経済的側面を無視することができず、御師の生活を支える経済的基礎をなしているものである。しかしそれも宗教的な裏付けがあってはじめて可能になるものであり、その意味で、御師の檀家に赴く道は、村々・檀家の安全と繁昌を確証あるものにする庶民救済のための道と称することができよう。確かに御師たちは檀那の要求に応じて様々な祈禱をなし各種の札を与えている。戸隠山御師が配付した札の全体像は明らかではないが、先に列挙したもののほか、村中安全災難消滅・三社九頭竜・三面大黒・川除・馬・巳待・虫除・抜留・風祭幣帛・鳥祭幣帛・川除抗・猿除・火防札・水札など、主として水の統禦神たる九頭竜権現の属性にもとづく水防・旱魃関係の札、農作物を守護する鳥獣・虫除けの札、治病関係の札などが多かったようである。

また御師たちにとって里へ通ずる道は、布教のための道であったことはいうまでもない。山岳に多くの道者・参詣者を呼びよせ、御師と信者との恒常的師檀関係が形成されたのも修験・御師の布教の結果といえよう。群馬県松井田町に伝わる「飯縄《いづな》大明神祭供伝」は、飯縄《いづな》権現の祭祀方式・飯縄権現の由来と形像・利益などが説かれ、信仰する人々の全ての願いを叶えてくれるものとされているが、それが戸隠山顕光寺末の岩殿寺住僧によって撰せられたものであることからしても、飯縄権現を奉じる戸隠修験によってもたらされたものであり、布教のために使用されたものといえよう。また「戸隠霊験談」には、三二話にのぼる戸隠大権現の霊験談が収められており、それらは洪水を防ぎ旱魃を救う話、治病、祟りを鎮める話など九種類に分けられるという（宮田登「戸隠信仰と巳待ち」『戸隠――綜合学術調査報告』所収）。このうちの二話を紹介すると、次のようなものである。

過しころ当国山中四ッ谷村にて常用の井土（戸）を掘（ママ）けるに、水いでざれは本意なくおもひ居けるに、折ふし真乗院かの地へみへければ、出水の祈念し給へと深くたのまれけるゆへ、いなみがたくて九頭竜権現えいのりけるに、誦量念数も終らざるに水勢とばしるやうにわきいでければ、みな／＼奇異のおもひをなしける、

摂善院の檀越飛騨国益田郡焼石村の太郎兵衛といふもの、倅鶴三郎、生つき唖にて物いふ事叶はざれば、父母大になげきて一向仏神の冥助をいのるより外はなし、それにつきても戸隠大権現は生身の御神にて霊験ごとにあらたなるよし聞およびければ、一心に祈りけるやう我子の唖定業にはあれども、大慈大悲の神力を以て言舌を常人の如くならしめ給ひ、此子十五歳までの内に必ず御礼参りにめしつれ、かつ此子一代の間

はとしぐ〜御膳献備し奉らん、とふかく祈誓をかけ朝夕いのりけるに、翌年にいたり此子ふと言語を発してその後は人なみにものいひければ、深く信仰し近頃参詣なしける、

（「戸隠霊験談」『神道大系』所収）

前者は、水の神たる九頭竜神の属性にもとづくもので、こうした九頭竜神の霊威によって水が湧き出たとする話のほか、洪水を防いだ、雨乞に霊験あらたかであったなどという話が数多く収められている。後者はそうした霊威が人間生活のあらゆる面に及んでいることを示すもので、虫歯が治った話や、悪くなった酒がもとにもどった、類焼を免れた、祟りがおさまった、商売が繁昌したなど各種の霊験が語られている。こうした話のなかには、御師たちが創作したものもあったかもしれないが、その多くは信者たちが語り伝えていたものと思われる。しかし、御師たちがそうした話を蒐集し、廻檀の際などに語ることによって、戸隠権現の霊威を一層確かなものにさせるとともに、信仰を広めるのに大いに役立ったであろうことは想像にかたくない。

# Ⅳ　修験と民間信仰

# 1　修験と火と山岳信仰

## 修験道と火をめぐる儀礼

周知の通り、古代以来の信仰を累積させながらも、仏教をはじめとする成立宗教や外来信仰の影響を受けて変容してきた民間信仰と修験道とは、その始源を共有していることは勿論のこと、儀礼や観念の上でも共通する部分が少なくはない。それ故修験道・民間信仰それぞれの理解において、その一方を無視することは許されず、むしろ修験道と民間信仰との両者の儀礼や観念の異同を検討することによって、日本人の信仰のより本質的な部分に迫りうると考えられる。

また中世期に本山派、当山派の両派を成立させ、山岳修行・山岳抖擻を重んじていた修験道が、中世末頃より次第に里に定着し、山の宗教者というよりもむしろ村の祈禱師・呪術師としての性格を強め、庶民と日常的・恒常的関係を持つようになる。こうした修験道史のなかで、私の主要な関心事は、修験者と民衆との接触、修験道と民間信仰との関わりあいという点にある。

そこで修験道・民間信仰両儀礼の異同を明らかにする一例として、また民間信仰における修験者の役割を明らかにする一課題として、以下において、火をめぐる信仰習俗を取り上げ若干の検討を加えようとするものである。

さて、修験道の修行や儀礼において火と水とが欠くことの出来ないものであることは、既に多くの先学が指摘しているところであり、滝修行・火渡り・護摩焚きなどは広く知られているところである。なかでも火に関する儀礼では、護摩法が本尊の祭・修行・対庶民の宗教活動にと広く用いられており、「修験十二箇条当山方」(『修験道章疏』)には「護摩供養ノ軌儀作法アルコト、常途ノ密宗ニ異ナルコトナシ、峰受業トテ峰中ノ行儀作法ニオイテハ、故《ことさ》ラニ具ヲ設ケズ、木ノ枝ヲ伐取テ散杖大小扚ト作シ、柴ヲ樵テ護摩木トシ山頭塁ヲ清メテ直ニ護摩壇トシ柴燈ヲ修行」とあり、同「本山方」でも「修行方之儀は採燈大護摩幷柴護摩等於㆓諸山㆒為㆓国家安全五穀成就万民安穏㆒致㆓修行㆒候儀一派之修法」、あるいは「祈禱之儀は息災増益等四種之壇法大法秘法等を以其成就を祈請」するとある。つまり修験道が執行する護摩法には密教の護摩法と山野で行う採(柴)燈護摩法とがあるとされ、修験道の諸修法のなかでも重要なものとして位置づけられている。一般に修験道の護摩法には密教より取り入れた護摩法、屋外で執行する柴（採）燈護摩、宇宙の開闢や人類の起源を再現するとともに、シャーマンとしての修験者の地位を明らかにする柱源《はしらもとごま》護摩との三種があるとされ（宮家準『修験道儀礼の研究』）、このうち前二者が修験道において最も一般的に行われているものである。

ところで、密教における護摩法は、火神アグニを供養する祭が取り入れられたものとされ、壇炉に供物を奉げ諸仏を供養する外護摩と、智火をもって煩悩を焼き尽すと観ずる内護摩との二種があり、またその目的によって災厄を除く息災護摩、官位福徳を増進させる増益護摩のほか、調伏・敬愛・鉤召等の別があって、それぞれ炉形・色・方向・開始の日時等を異にしている。修験道においても密教の息災護摩が取り入れられ屋内で行う加持祈禱の代表的な修法とされており、本尊不動明王を招き饗応し、修験者と不動明王とが一体化して依頼者の煩悩業苦を焼尽することにより目的を達成する修法として盛んに執行されている。

一方柴燈護摩は後述する民間の火祭りを取り入れて成立した修験道独自の護摩法とされ、本山派修験相伝の「柴採燈護摩供次第」（『修験道章疏』）には、「採燈先達は五仏三摩地に住してこれを修すべし、謂いに東方阿閦木を西方弥陀の金をもってこれを斬る。中央大日の大地におき南方宝生の火をもってこれを焼く。北方釈迦の水をたれ観想すべきなり。（中略）これすなわち無明煩悩の薪を焼き尽し本有五仏の心地に還帰するの義なり」「修験行者は三業四威儀を経て、常に六大理観に案住すべし。謂いにア字不生は生死流来を断ち、バ字悲水は瞋恚《しんい》を銷《け》し、ラ字智火は愚癡不浄を焼き、ハ字息風は貪欲忘塵を払い、クヮ字大空は無礙真宮に帰し、ハン字自性は金剛法界を遍ず、誠にこれ六大法身の極位、自性心壇の内護摩なり」と説かれており、入峰修行をはじめ、各種の機会にこの柴燈護摩が執行される。ここではその一例として、観念や象徴的意味でも民間信仰との結び付きが濃厚に認められる羽黒修験の入峰修行を紹介することにする。

羽黒修験の入峰修行には春峰・夏峰・秋峰・冬峰の四峰があり、それぞれ入峰の目的と形態を異にしている。このうち秋峰は諸国山伏出世の峰ともいわれ、修験道を志す者にとって必ず体験しなければならない修行である。ともあれ、入峰修行において柴燈護摩は重要な役割を果たしている。たとえば、秋峰では十界修行を修めた二の宿の終わりに大悲遍照如来を本尊とし、直径二寸五分、長さ三尺三寸のブナ丸太九六本（切口に墨で巴が描かれる）を八段の井形に組んだ柴燈護摩が焚かれ、三毒の煩悩を焼き浄化させることによって国家安穏・五穀豊穣をはかるとともに、自己の逆修の意味をももつと説明されている。このほか一、二の宿では地獄道に相当させた火鉢作法（「南蛮いぶし」ともいう）や初夜・

後夜勤行の後には小木《こぎ》・閼伽《あか》納めが行われるという。また出峰の時には場柴燈を飛びこえるが、これを出生《でなり》と称し、この時産湯につかることを観想するといわれるごとく、新たな生命の誕生を象徴する儀礼である。もっとも秋峰全体を通して擬死再生の観念が貫かれているといえよう。

冬峰では位上・先途と称する二人の松聖が百カ日の修行を行い、その結願の日に当たる大晦日の行事を松例祭と呼んでいる。この行事には烏飛びの神事・兎の神事と呼ばれる験《げん》競《くら》べが行われるほか、悪鬼を象徴した大松明をもやし、行事の最後には位上方・先途方に分かれ浄火を切り出す「火打ち替」の神事がある。この神事も位上方が勝つと豊作、先途方が勝てば豊漁といわれているごとく、百カ日の修行によって得た松聖の験競べという性格を有し、松例祭そのものの本来的意味も修験者の験競べにあったと思われる。

こうした秋峰・冬峰の他にも火に関する習俗をみると、夏峰の八月十三日には山頂の斎《さい》藤《と》森で護摩が焚かれ、山麓の村々ではその火を見て精霊を迎えるための門火を焚くといわれており、さらには羽黒山の荒沢堂火堂で消えることなく燃え続けてきた聖火の存在も忘れてはならない（ただし現在はない。以上、戸川安章『修験道と民俗』『出羽三山修験道の研究』）。

これまで羽黒修験の入峰修行に例をとって入峰修行に占める火のもつ重要性を指摘して

羽黒山松例祭

きたが、こうした点は羽黒修験の入峰修行に限られるものでなく、本山派、当山派の入峰修行においても、柴（採）燈護摩に用いる小木を納める修法が十界修行の一つとされていることでも明らかであろう。さらに修験道の対庶民の宗教活動においては息災護摩をはじめ各種修法に火の重要性を指摘できるのであるが、この点に関しては改めて後述することにしたい。いずれにしても、入峰修行を一例として取り上げただけでも、修験道において火が神聖視され、火がもつ燃焼性と光明性という属性にもとづき、浄化・除魔・継承・転換などさまざまな象徴的意味が付与されており、さらには火の管理者・火を自由に操作することが出来る宗教者としての修験者の性格が浮かび上がってくる。

## 火と民間習俗

一方、民間信仰に認められる火の神信仰、火に関する習俗に目を転ずると、そこにも多様な習俗が展開されており、ここで逐一事例を紹介しながら論ずることは出来ない。しかしながら火に関する習俗のなかで主要なものを挙げるとすれば、①正月や盆に代表される火祭り、②家の神としての火の神・竈《かまど》神信仰、③別火忌火《いみび》の習俗などを挙げることができよう。

まず火祭りについてみると、正月行事・盆行事の一環として焚かれる火祭りがその代表的なものとして挙げることが出来る。正月の火祭りは小正月を中心に執行され、子供達が中心になることが多い。この火祭りをトンド・左義長・サイト焼き・三九郎・オニビ・ワカビなどと地方によって名称を異にするが、その火にあたると若返る、残りの灰を体に塗ったり団子や餅を焼いて食べると病気にならないなどと称されるごとく、一年の安全と豊穣を願って行われるもので、燃え方や燃え残りによって一年の吉凶を占う地方もある。また小正月のほか大晦日にトシノヒ・「元旦火」と称して火祭りを行うところもある。そうした習俗からして、正月に焚かれる火は冬から春への転換期にあたり、これまでも指摘されているごとく招福除災・陽気の再生という性格が強い。

一方盆行事にみる火の習俗は、精霊の送迎としての門火が最も知られているところであり、村共同の行事として山頂などで大松明を焚く地方も少なくない。また新盆の家では高燈籠を掲げるという習俗も広い。こうした精霊の送迎・目標としての火のほか、精霊供養・悪霊鎮め・年占いとして焚かれる火祭りがある。この行事はヒアゲ・ハシラマツ・ナゲタイマツなどと呼ばれ、高い柱を立ててその頂上で火を燃やすことや、点火の遅速・燃えあがり方を争う競技形式をとる場合が多いことなどにその特徴があり、修験道の験競べとしての柱松行事に関連したものであることは既に論じられているところである（『和歌森太郎著作集』2）。しかしより正確にいえば、民間行事としての火祭りと密教の護摩とが修験道に取り入れられて柴（採）燈護摩が形成され、修験道のもつ験競べの要素が逆に年占い的要素を本来的に内包している民間の火祭りに反映され、盆の火祭りに強調されたものといえよう。

このほか民間の火祭りとしては、千駄焚き・雲アブリ・ヒアゲなどと称して雨乞いのために山頂で焚く大火、作物の害虫を駆除するための虫送り行事に登場する火なども注目される。

囲炉裏や竈など家の火所に祀られる火の神・竈神の信仰も多様な性格・形態を示していることから、ここで詳細に述べることはできない。しかし火の神・竈神は家の神の基本的かつ原初的な神の一つであり、家族の守護神・炊事の神・殖産神・農耕神をはじめとする種々の性格を表出させている。たとえば「竈を分ける」「竈をおこす」といえば分家することを意味するごとく、竈が家の象徴とみなされ、その神も家族の守護神とみなされている。そのことは家族の死に際して竈の灰を取り替えることからも窺うことが出来、さらには相反する習俗――たとえば新年を迎えるに当たって囲炉裏や竈の火を切り替えたり、逆に前年の火を燃やすものではないという習俗、あるいはオカマサマ（竈神）が神無月に留守神として家に留まるという信仰、逆にオカマサマが出雲に出かける神とする信仰――なども、竈神が家族・家の守護神として信仰されてきたことに由来するといえる。殖産神・農耕神としての性格も、農耕儀礼にたびたび竈神が登場してくることや年頭のハダカマイリの習俗、オカマサマは三六人の子供をもつとする伝承などに端的にあらわれている。いずれにしても、今日多様な形態と性格を有する家の神としての火の神・竈神信仰は、火それ自体が内包する多様な性格とその強調のされ方の相違、さらには他の信仰との習合の結果といえるのであるが、今後に残された問題も少なくない。

別火や火忌の習俗も、神祭りや産育葬送両儀礼を中心として一般的なもので、神祭りに際しては神聖な火を切り出し、その火によって調理することや不浄なものとの接触を避けることが普通のこととされている。産育葬送儀礼では死・出産を穢れとする観念が支配的で別火の習俗が広く認められ、死や産の忌明けをヒアケ・ヒアガリ・ヒアワセなどと呼ぶほか、ヒ（火）を冠して呼ばれる習俗が少なくない。死忌をヒヲカブル・シニビ、喪に服する者が葬家で食事することをモトビヲクウ・ヒヲタベル・ヒノメシなどと呼んでいることなどがその一例といえる。こうした習俗は火をもって浄・不浄を象徴するという観念・火を媒介にして穢れが伝染するという観念にもとづくものであり、さらには火のもつ不安定性をも意味しているといえよう。

以上、民間における火の信仰をめぐる習俗のうち、その幾つかについて概観してきたが、焼・光・暖という火の実利的機能とは別に、宗教的・象徴的なさまざまな機能や意味、たとえば除魔・招福・豊穣・目標・送迎・転換・継承・浄・不浄などをはじめとして多様な機能と性格を有しており、民間信仰のなかでもその中核に位置する重要な信仰の一つと称しても過言ではない。

## 火の管理者としての修験

さて、火をめぐる儀礼や習俗を通してみると、修験道と民間信仰との両者に共通する観念が少なくはなく、民間の火祭りが取り入れられたとされる修験道の採（柴）燈護摩など、両者が非常に近い存在であることが明らかであり、こうした点は庶民信仰・民間信仰が修験道の基底部を構成しているとする考え方からすれば当然のことといえる。しかしながら、近世期に修験者の多くが里に定着し、村の呪術師・祈禱師として民間信仰と深く関わりをもつようになり、恒常的師檀関係が形成される説明としては、修験道・民間信仰の共通性を指摘するだけでは不十分であり、それ以上に修験者の性格と対庶民の宗教活動に負うところが大きい。修験の対庶民の宗教活動は、山岳修行によって得た超自然的力をもとに人々の生活のあらゆる側面に及んでいるのであるが、なかでも治病・憑きもの落とし・雨乞いなど、人々の災厄の除去により大きな力を発揮し、そうした点に庶民の期待もあった。と同時に、ここで問題にしている火の管理者、火を自由に操作出来るという能力も、修験の対庶民の宗教活動、恒常的師檀関係形成の上で無視出来ない役割を果たしてきたといえよう。

修験者の火を自由に操作できる能力を示すものとして、一般に火渡りと呼ばれる儀礼を挙げることが出来る。この儀礼は火や燃え残っている炭火の上を渡り歩くもので、「火生《かしょう》三昧耶法《ざんまいやほう》」と呼ばれる修法であり、修験者が不動明王あるいは火そのものと一体化し、さらにはシャーマンとしての呪的燃焼を端的に象徴している儀礼と考えられている（宮家準、前掲書）。事実、近世期以来火渡りの修法はショー的要素を多分に含みながら盛んに執行されてきており、文化四年（一八〇七）、本山派先達武州幸手不動院の江戸開帳に際しては火渡りが行われ、これまでにない多数の参詣者をみたと記されている。ただし、この時の火渡りは「火性護摩」として届け出がなされ、寺社奉行側では密教一般が行う護摩の一種であろうと誤解して許可されたものであった。そのため修法執行の後に問題となり、「火生三昧」と届け出れば不許可となったものを、「火性護摩」と届け出たのは「参詣の諸人をまどわし追々参詣相増し候様に心懸け」全く利欲より起こったものであり、不埒な行為であるとして不動院をはじめ三院を処罰している（『鎌形八幡宮幷本山修験大行院文書集』）。このことでも明らかなごとく、湯立てを刃わたりなどの他の験術とともに、火渡りの修法が修験者のもつ超自然的力を庶民にアピールする代表的なものと考えられるのである。

また修験の火を操作する能力は、火注連《ひじめ》の修法にも認めることが出来る。火注連とは別火精進のことを指し、葬式のあとに穢れた火を清浄な火に切り替えるヒバライ、山岳登拝

修験者の火渡り（西海賢二氏提供）

のためにその前行として忌籠るヒアガリに際して浄火を切り出すことであり、修験の職分とされてきた。このため、近世期には火注連をめぐって当山派・羽黒派の間で争いも起こっている。こうした火渡りや火注連の修法は、火の管理者・火を自由に操作することが出来るとする修験者の性格を最もよくあらわしているといえよう。

さらに、修験者が庶民と恒常的師檀関係をもつ上で、先に述べた竈神・火の神信仰も無視することが出来ない。たとえば竈神を荒神と呼ぶ地域が広範囲に分布し、火の神としての荒神と作神としてのオカマサマとを併祀するところもある。この荒神という名称は、修験者・陰陽師・地神盲僧・巫者などのいわゆる民間宗教家の関与解説によって広く普及したものといえる。また火の神としての荒神のもつ荒々しい性格は、火の神が本来的に内包する性格の一つでもあるが、同時に宗教者の関与によってより強調されたものと思われる。このように家の神としての火の神・竈神の信仰にはいわゆる民間宗教家と称される人々の影響と関与が認められるが、修験の場合も例外ではない。修験の祈願檀家に対する祭祀の状況をみると、屋敷神の祭祀とともに年数度の廻檀を荒神祓と称している例が認められるごとく、家の神としての竈神・火の神を祭祀対象としており、祈願檀家形成の上では最も重要な祭祀の一つといえる。換言すれば、治病や除災の活動とともに、火の管理者、火を操作出来るという性格にもとづき、家の神としての竈神・火の神祭祀を掌握することによって祈願檀家を形成しえたということが出来るのではなかろうか。最後に一言付加するならば、竈神を火伏せの神とする信仰や、愛宕・秋葉・古峰原など、修験道の山に祀られる神々が火伏せの神とされ、広範な信仰圏を形成していることも、これまで論じた火の管理者としての修験の性格と無縁なものではないと思われる。むしろ火山の噴火にみる山岳と火の不可分な関係が、山岳を修行場とする修験者をして、火の管理者としての性格を一層際立たさせるものにしたとみることも可能なのではなかろうか。

## 山岳信仰——山と火をめぐる諸問題

山岳信仰が多様な要素を含んでいることは、あらためて指摘するまでもないことであるが、そのなかで「火」をめぐる信仰は重要なもので、原始以来の山岳信仰の歴史的展開において、ひとつの主要な柱を形成してきたといえる。たとえば、堀一郎氏は山岳信仰の原初的形態を火山系・葬所系・水分系の三つに分類し、火山系について「我国の豊富な火山脈と、平野丘陵上に秀麗な裾を曳いて兀立する噴火山の姿や、屢々突如として爆発する噴火噴煙は、種々の恐怖感と神異感を齎らし、そこに神の怒りを感じ取り、山形の変容、焼燬によって神霊の造物主的な活動を信じ、それが共同幻覚にまで導かれた」(『我が国民間信仰史の研究』(二)宗教史編)とのべているごとく、火山の爆発は人々にとって大きな脅威であり、山岳にたいする特別な感情を醸成させて、それが山岳信仰発展の基礎となったことはじゅうぶんに考えうることであろう。

しかしながら、火山の噴火は後述のようにたんに原始的山岳信仰にとどまらず、今日にいたるまで重要な役割を果たしており、さらにひろく「火」一般と山岳信仰との関わりをみるとき、「火」にたいする信仰が山岳信仰の展開にとっても不可欠の要素であったことをあらためて気づかせるのである。山岳信仰に含まれる要素としての「火」に注目するとき、秋葉山・古峰原・愛宕山などに代表されるとおり、火防（火伏せ）の神としての性格を中心にして広範な地域の信仰を集めていることがまず指摘できよう。

第二に仏教信仰が加わり、山岳が阿弥陀の極楽浄土、弥勒の兜率天浄土、観音の補陀落浄土などに想定される一方で、溶岩が噴出し荒涼とした光景が地獄と考えられて、浄土と地獄の世界が展開されてきたことである。第三は山頂で焚かれる火の問題であり、山岳の火祭り、祖霊の象徴として、法脈の継承を示す不滅の常火として、あるいは呪術的効用をもつ雨乞い、海上を航行する船舶の目標など、多様な目的をもちながらも山岳で火を焚くことの多い点である。第四はこれまで述べた諸点と関わりをもちながらも、前項で指摘した山岳で修行する聖・山伏修験などがもつ火の管理者としての性格であり、彼らの対社会的宗教活動においては、治病や防災の能力とともに火の管理者としての性格が無視できないものであった。

以上の諸点が複雑にからみあいながら、山岳信仰史全体のなかで「火」は不可欠の要素とされてきたといえよう。もちろん、山岳信仰における「火」も、「火」一般がもつ実利的かつ象徴的意味、火の神信仰などを抜きにして語れないことはいうまでもない。

## 噴火と山岳信仰

さて、いくどとなく繰り返されてきた火山の爆発は、人々に大きな被害を与え、あたかも地獄絵のごとき様相を示したこともすくなくはなかった。そこでは人々に神秘感・畏敬の念を抱かせるというよりも、むしろ恐怖・畏怖の念を与えてきたと称したほうが妥当であり、人の力をもってしてはいかんともしがたい爆発を鎮め抑えるには、神に祈り身を慎む以外にその方法がなかったといえよう。そうした点で、火山の爆発、それにともなう人々の宗教的行動について資料をもとに検討することにしたい。

まず富士山を取りあげることにしよう。富士山は山岳のなかでももっとも秀麗な山とされ、富士山と同様なコニーデ型の山容を示す各地の山岳は何々富士の名称でよばれてきた。しかしそのいっぽうで富士山は有史に入った後もいくどとなく爆発を繰り返しており、貞観七年（八六五）の爆発について『三代実録』はつぎのように伝えている。

> 貞観七年十二月九日丙辰、勅㆓甲斐国㆒八代郡立㆓浅間神祠㆒、列㆓於官社㆒、（中略）先㆑是彼国司言、往年八代郡暴風大雨、雷電地震、雲霧杳冥、難㆑弁㆓山野㆒。駿河国富士火西峯、忽有㆓熾火㆒、焼㆓砕巌谷㆒、今年八代郡擬大領無位伴真貞託宣云、我浅間明神欲㆑得㆓

此国斎祭一、頃年為二国吏一、成二凶咎一為二百姓病死一、然未二曽覚悟一、仍成二此怪一、須下早定二神社一兼任二祝禰宜一潔奉祭上。真貞之身或伸可二八尺一、或屈可二二尺一、変体長短、吐二件等詞一、求二之卜筮、所レ告同二於託宣一。於レ是依二明神之願一、以二真貞一為レ祝、同郡人伴秋吉為二禰宜一、郡家以南作二神宮一、且令二鎮謝一。雖レ然異火之変于レ今未レ止

つまり、前年の貞観六年（八六四）に富士山の爆発があり、託宣をさせたところ浅間明神が駿河の国のみではなく、甲斐の国でも祀ってほしいという意志から爆発という惨事を起こしたというので、宮を造り祀るようになったというものである。さらには『日本紀略』の延暦二十一年（八〇二）の条に、富士山の噴火があり、それを鎮めるために読経をし陳謝したことがみえるほか、噴火を「神火」と称している。

このように火山の爆発は山の神のなんらかの意志表示であり、山の神の怒りを鎮めるために陳謝などの儀礼を執行することは、古代における富士山の例にとどまらず、火山系山岳信仰の基礎におかれているといえよう。つぎに掲げる浅間山の天明三年（一七八三）の大爆発にさいしてみられる史料も、そうしたことを物語っている。

夫ゟ日々に焼て七月六日昼七ツ時ゟ大やけ、鳴動処地震のごとく、既に七夕七ツ時ゟ別てつよし、依之直々近所役人へ一両日輩相談之上、神主権頭殿相頼浅間之宮へ御のぼり差上可申御立願、当所両社二夜三日御所禱、七日之夜中惣村中一軒壱人つゝ八幡

宮之森へ打寄、日待為致信心有之処、夜中甚震動いたしおそろしく事候、尤乗瀬之者者八幡之森へ相詰メ候而ハ家内留主ニ成りをそろしく申之、願にハ新田の森ニ而日待致度由任望み、本郷ニ而も家内之者内に居ることおそろしく壱人もなし、庭へ出憐（隣）家之人を集、子供まで夜中寝（眠）むる事なく日待いたし、夜明々（ママ）に者森へ相詰メ候者不残、塩野村浅間の宮江役人先達ニ而参詣之所ニ、塩野村ゟおそろしく行兼戻る者もありし、尤参詣多し

（『長野県史』近世史料第二、佐久地方）

天明三年の浅間山の大爆発は数日間にわたり山麓部の村々に多大の被害を与えたことはもちろん、遠く江戸市中にまで降灰がおよんだと伝えられている。そのおり、山麓部の村々では爆発を鎮めるため神主が浅間の宮に籠り二昼夜にわたる祈禱をする一方、各村々では日待をおこなったうえで浅間の宮に祈願したという内容である。浅間山も富士山と同様いくどとなく爆発を繰り返しており、噴火活動が活発化したおりには、天明三年と同じような噴火を鎮めるための祈願がなされたものと思われるが、明治二年（一八六九）の火山活動が活発化したときには、朝廷が勅使を派遣して惨事のないことを祈ったという。

つぎに掲げる伊豆大島の三原山の噴火に関する史料も山の神の怒りが爆発を起こし、それを鎮めるための祈願をしたというものであるが、それ以上に山の神の怒りをまねいた要因が記されているところが興味深い。

万一みだりに登山不情（浄）を犯し候節は不時に御神火御怒り出し一島難渋に及び候義儘々有之、現に天和四年中、月水不浄の女神山を犯し候より御神火荒れ出し　元禄年中迄も七ケ年程難渋を負ひ島方人民退転にも相成霊変出来　其後天明年中にも右様の筋にて山焼有之、島方十五歳より六、七十歳迄の者共、一同丹精御詫ひ申上漸く焼静り　其節は人民相続難渋相成多分の御救をも奉願上候儀に御座候、其外神山を犯し候者有之仮令如何様に相隠し候とも御神火荒れ候

（立木猛治著『伊豆大島志考』）

右の文書は元治二年（一八六五）に地役人より江川太郎左エ門役所に提出されたものであり、三原山が神聖な山であること、その神聖な山にたいして不敬や不浄な行為をはたらくことによって御神火（噴火）が起こされるということ、天和四年（一六八四）や天明年中（一七八一～一七八八）の噴火は月水の女性が起こしたこと、それを鎮めるために島民一同が丹精な祈願をしたことなどをあきらかにしている。

このうち、神山にたいする人間の不敬が噴火をまねくとする点は、富士山や浅間山のばあいが人間の力のおよばない神の意志によるものと考えられていることと相違し、噴火を避けることができるという考えが読みとれ興味深い。また月水の女性を噴火の原因としていることは、いうまでもなく月水を穢れ・不浄なものとみる観念にもとづくものであるが、三原山においてもかつては女性の登拝が許されなかったと伝えているように、山岳信仰に

おける女人禁制の習俗と関わりをもつ問題といえる。

ともあれ、伊豆大島では島民の祈願によって噴火が治まったとされ、それ以来六月一日には三原山参り、十五日には行者詣がおこなわれてきており、明治初年ごろまでは七日間の水垢離をとった後に白装束に身を包んで登拝したという。また三原山を神聖視する観念は、溶岩の流れを「お流れ」、降灰を「ごはい」、噴煙を「おけぶ」、火口を「みほら」(後にお穴)と敬語をもってよんでいることでもあきらかであり、山上にあって尿意を催したときには用意してきた紙やボロにしたという点からもうかがえる。

このうち、火口を神聖視する点は前述した富士山や浅間山でも同様であり、浅間山のばあいには、かつて四月八日に登拝し、「釜」(火口)のまわりを掛け念仏を唱えながら廻るという習俗があったと伝え、富士山のばあいも修験者の峯修行のひとつとして、頂上をきわめた後に「お鉢廻り」と称して火口を巡廻したという。もっとも火口を神聖視したり火口を巡廻する習俗は、山岳信仰の展開史からみて、山麓部において山の神を祀る遥拝型の信仰から、入峰修行が隆盛し登拝型・練行型の山岳信仰が出現した以降の習俗であることはいうまでもない。

いずれにしても、これまでのべてきた富士山・浅間山・三原山などの例からみて、火山の爆発が山岳信仰の原初的形態のひとつであるばかりでなく、火山系の山岳信仰、さらには山岳信仰全体のなかでも、主柱のひとつをなしてきたといえよう。加えて火山の爆発にともなう信仰内容は、被害を抑え山の神の怒りを鎮めるという、いわば爆発によって生じる、あるいは生じた極端なマイナス状態を抑え現状回復をはかるためのものと称することができる。それゆえ、爆発にともなう火柱や溶岩も、御神火お流れと神聖視されているとはいえ、つねに人々に脅威を与え、生活を破壊する存在としてのマイナスのイメージに包まれたものといえよう。

## 山岳信仰と地獄

山岳信仰においては、人々に幸いをもたらし好ましいものと観念されるプラスの要素やイメージと、噴火に代表されるようなマイナスの要素やイメージとの両者が内包されており、火に関する前者の例は、法脈の継承や祖霊を象徴するような火であり常火であるとともに、火祭にみる浄火などもそのひとつである。また神や諸霊との関連でいえば、死霊が昇華した祖霊や作神・殖産神とみなされる山の神の好ましい側面が前者の例としてあげることができ、死霊・悪霊・邪霊が留まる世界が後者の例といえる。さらに仏教信仰との結びつきでいえば、冒頭でのべたような極楽浄土・兜率天浄土・補陀落浄土などの浄土の世界が好ましいものと観念されるプラスの要素やイメージであり、地獄の世界が忌避されるべきマイナスのイメージといえよう。

このように山岳信仰には、人々によって好ましいと考えられるようなプラスの要素と、有害あるいは忌避されるマイナスの要素が混在しているのである。と同時にプラスあるいはマイナスと考えられる諸要素がそれぞれ密接に結びついている。つまり祖霊・山の神（殖産神などの好ましい性格）―常火・浄火・盆火―浄土、死霊・悪霊―噴火―地獄などの諸要素が、それぞれ結びついたところに山岳信仰が展開されてきたといえる。

さて、忌避されるべきマイナスのイメージをもつ地獄の世界は、八寒地獄や等活・黒縄・衆合・号叫・大叫・炎熱・大熱・無間の八熱地獄、さらには百数十余の副地獄があるとされ、炎熱地獄は火煥に苦しめられる地獄、大熱地獄はさらにはげしい火焔に苦しめられる地獄とされている。こうした地獄の世界が山中に想定されるにさいしては、火山の爆発によってもたらされる無惨な光景や、無数の釜が口をあけ硫黄の臭いが鼻をつき噴煙の絶えぬ様子などが背景になっているに相違ない。

山中に展開されている地獄の世界としてよく知られたものは、北陸の立山地獄や東北の恐山などであるが、立山地獄に関しては『今昔物語』第一四の第七話につぎのように記されている。

越中ノ国□ノ郡ニ立山ト云フ所有リ。昔ヨリ彼ノ山ニ地獄有リト云ヒ伝ヘタリ。其ノ所ノ様ハ、原ノ遥ニ広キ野山也。百千ノ出湯有リ。深キ穴ノ中ヨリ湧出ヅ。巌ヲ以テ穴ヲ覆ヘルニ、湯荒ク湧テ、巌ノ辺ヨリ湧出ルニ大ナル巌動ク。熱気満テ人近キ見ルニ極メテ恐シ。亦其ノ原ノ奥ノ方ニ大ナル火ノ柱有リ。常ニ焼ケテ燃ユ

とある。また恐山に関しては、楠正弘氏が紹介する『宇曽利由緒』に、蒲沢地獄、神子地獄、玉掛地獄、法花地獄、八万地獄、塩焼地獄、産婆地獄、血の池、剣山、無間地獄などをはじめ多数の地獄が設けられており（『庶民信仰の世界』）、その光景は『今昔物語』が伝える立山地獄のようすと変わりない。いずれにしても、殺伐とした異様な光景が死者信仰、仏教信仰と結びつき、山中における地獄の世界を展開させてきたといえよう。

以上、山岳信仰に認められる「火」、なかでもマイナスのイメージをもつ火についてのべてきた。一般に山岳信仰に関連した火を論じるばあいは、浄火や聖火を指摘されるばあいが多いのであるが、その原点としては人々に脅威を与え、恐れられている火山の火があり、そうした火が浄火・聖火という観念をいっそう発展させるとともに、死者・仏教などの諸要素と結びついて特色ある山岳信仰を展開させてきたといえるのである。

## 2　修験道と民間医療

### 治病と験者

『枕草子』には、修験山伏・聖・密教僧・陰陽師などの活躍ぶりを伝えている部分が各所に認められる。そのうち験者＝山伏修験者については、次の二カ所が最もよく描きだしており、その一つは第二十八話の「にくきもの」の項で、

俄かにわづらふ人のあるに、験者もとむるに、例ある所にはなくて、ほかに尋ねありくほど、いと待ちどほに久しきに、からうじてまちつけて、よろこびながら加持させするに、この頃もののけにあづかりて、困じにけるにや、ゐるままにすなはちねぶりごゑなる、いとにくし　（岩波文庫本）

とある。改めて注釈を加える必要もないことと思われるが、病気治しのためにあちらこち

らに呼ばれ、そのために困憊《こんぱい》しきっている験者の様子を窺うことができるであろう。また第二十五話の「すさまじきもの」では治病の様子を伝えている。

験者の物のけ調ずとて、いみじうしたりがほに独鈷《とこ》や数珠などもたせ、せみの声しぼりいだして誦みゐたれど、いささかさりげもなく、護法《ごほう》もつかねば、あつまりゐ念じたるに、男も女もあやしとおもふに、時のかはるまで誦みこうじて、「さらにつかず。立ちね」とて、数珠とり返して、「あな、いと験なしや」とうちいひて、額よりかみざまにさくりあげ、あくびおのれうちしてよりふしぬる。いみじうねぶたしとおもふに、いとしもおぼえぬ人の、おしおししてせめて物いふこそいみしうすさまじけれ。

この一文では、物の怪がとりついたために病気になり、物の怪を取り除くことによって病気が平癒するという考えのもとで、独鈷・数珠をもたせ、呪文・経文を唱えるとともに、護法を使っている。けれどもだれに独鈷・数珠を持たせるのか、護法をだれに憑かせるのかといった点が問題にされるところであるが、これには験者と病人との二者、あるいは病人・験者に憑坐《よりまし》を加えた三者によって構成されているという二つの考え方があり、後者の病人・験者・憑者の三者からなるとする考え方が有力である。

この考え方に従うと、その治病法は、まず護法を病人に憑かせて、病人にとり憑いている物の怪を憑坐に乗り移らせる、その後、さらに護法を駆使して憑坐に憑いた物の怪を排除するという二段階が考えられている（小松和彦『憑霊信仰論』）。

また、この一文に登場する護法は、一般的に童子型をとり、護法童子と呼ばれているもので、すぐれた法力をもつ験者や高僧に使役される存在である。『宇治拾遺物語』の「宇治殿たをれさせ給て実相房僧正験者に召事」には

是も今は昔、高陽院つくらる丶間、宇治殿御騎馬にわたらせ給あひだ、たうれさせ給て心ちがはせ給。心誉僧正に祈られむとて召につかはす程に、いまだまいらざるさきに、女房のつぼねなる女に物つきて申ていはく、「別のことにあらず、きとめみいれ奉るによりて、かくおはしますなり、僧正まいれざるさきに護法さきだち参りて、おひはらひさぶらえば、逃をはりぬ」とこそ申けれ。則よくならせ給にけり。しんよ僧正いみじかりぬること
（岩波文庫本）

とあるように、心誉僧正の使役する護法が頼通の病気を治している。また同書の「信濃国聖事」には、延喜の御門（醍醐天皇）が重病になり、加持祈禱を依頼するための使いが信貴山に住む聖（命蓮）のもとにつかわされてきたが、命蓮は剣の護法を派遣することによって御門の病気を治したとあるほか、「山ぶし舟祈返事」では、「けいたう坊」という山伏が護法を使って舟を呼び返したという記事もある。いずれの護法も高僧・山伏・験者・聖

などに使役される存在で、護法をよく使役できる験者などが世の評判を得ていたといえよう。

それにしても、先に掲げた『枕草子』の験者に関する記載は、「にくきもの」「すさまじきもの」と否定的な側面を伝え、さらに一五七話の「くるしげなるもの」では、

こわき物の怪にあづかりたる験者、験だにいちはやからばよかるべきを、さしもあらず、さすがに人わらはれならじと念ずる、いとくるしげなり

などとある。確かに験者のなかには清少納言が述べたような、法力の劣ったまやかしに近い験者も存在したであろうと思われるものの、「きらきらしきもの」として孔雀経の御読《みど》経、御修《みず》法、五大尊（五壇の御修法）、尊勝王の御修法等々、国家的で大掛な修法を挙げている点からみると、清少納言は験者に対してあまり好意的ではなかったといえるかもしれない。

## 修験道と治病活動

ところで、これまで験者・山伏・聖などを無条件で修験山伏とし、今日一般にいうところの修験道と同一視してきた。けれども、正確にいうと験者・山伏・聖などは、それぞれ

の性格が異なっており、験者は法力を行使して効験を示す者、山伏は山臥とも称され、山中で修行をし山の霊力を身につけた者、聖は遊行的性格の強い下級の僧、あるいは半僧半俗の者と分けることができると思われる。一方、修験道の歴史をみると、それらの宗教的職能者が修行場とする山岳に依拠して次第に集団化し、ほぼ南北朝から室町期にかけて、天台系の本山派と真言系の当山派との修験道二派を形成したもので、平安時代や鎌倉時代には、修験道としての修法や行事は必ずしも統一されていなかったといえる。同じように行事や修法も、密教・陰陽道・道教などの影響を受けながら次第に形を整えてきたものであることはいうまでもなく、そうした意味では、先に紹介した『枕草子』や『宇治拾遺物語』の記事は、修験道の形成期の様子を伝えているといえる。

けれども、山岳修行を通して超自然的な力を得て、それをもとに治病などの宗教活動を行うという考え方や姿勢は古くから成立しており、その後の修験道においても基本的にはその理念は変わっていないと考えられる。そこで次に修験道における治療法についてみることにしよう。

## 修験道の治療法と観念

さて、修験道において、修験者の対庶民の宗教活動のなかで治病活動が主要なものの一つであり、民間医療においても修験者の治病活動が重要な役割を担ってきたと考えられる。それ故、次に修験道の治病活動と民間医療とのかかわりについて検討することにするが、その前に、「病い」という言葉にも多くの問題が含まれ、また民俗学において十分に議論されているとは言い難いといえるので、ここでは病気・病いの概念を人間の「病い」に限定し、「精神的肉体的に異状をきたし、それが社会的にマイナスと認められているもの」と、私なりの一応の規定を設けておくことにしたい。というのも「病い」の概念・範疇は時・場所・社会的観念によって異なるといえるからである。換言すれば同じように異常な状態が出現した場合でも、「病い」と判断される場合とそうでない場合とがありうるのである。こうした点を前提として、まず修験道の治病活動について紹介することにしよう。

修験道の治病活動は、大きく二つに大別することができる。その一つは薬事療法であり、他方は一般に加持祈禱といわれるように超自然的存在を作用させることによって病気を治す方法である。まず薬事療法のなかでは、吉野大峰山の「陀羅尼助」が修験道の開祖役小角の作り始めたと伝えるほか、九州の英彦山で「不老円」という薬を英彦山修験が廻檀の際に持ち歩き、檀那に配布したといわれている（佐々木哲哉「福岡県の民間療法」『九州・沖縄の民間医療』所収）。また『豊劦求菩提山文化攷』にも「求菩提山秘伝」「求菩提山薬秘伝之施」「灸」「望月三英・丹羽正伯伝」の四種が収録されており、求菩提山修験が製薬に精通していたことが理解できる。このほかにも今日に伝えられるいわゆる家伝薬のなかに修験者によって教えられたものがあるが、『豊劦求菩提山文化攷』所収の製薬書のなかには、日本最古の医書『医心方』の知識が含まれており、さらには江戸幕府の触書にみる知識が導入されているといわれている（根井浄「修験道の医療について」『印度学仏教学研究』24—2所収）。こうしてみると、山野の跋渉を本領とする修験者が、医学の知識を身につけて薬草を採集し、薬を作ることを盛んに行っていたといえるのではなかろうか。ただし、これまでの研究においては、必ずしも修験の製薬法に関する研究が十分になされているとは言えず、今後の問題としなければならない点が多い。

一方、修験道において超自然的な存在を作用させて病気を治す方法には実にさまざまなものがあり、民間医療・民間信仰全体をみても特色あるものの一つであるといえるのではなかろうか。ただし私自身民間医療に視点を当てた調査研究をしてこなかったために詳しい報告はできないが、修験の対庶民の宗教活動の一環としての治病活動という点で、まず長崎県平戸市のヤンボシについて紹介することにしよう。

平戸島の修験寺院は江戸時代中頃に全一一カ院が存在していたが、今日ヤンボシ（山伏）と称される寺院との脈絡をうかがうことができない。今日（昭和五十五年現在）では、六カ院（うち一カ院廃寺）のヤンボシが存在し、そのうち四カ院は真言宗醍醐派に属している。彼らの宗教活動には、①自院で祀る本尊の祭り、②祈願檀家への廻檀（「講経」は正月から四月頃まで、霜月祭り）などの定期的（恒常的）なものと、③病気平癒の加持祈禱、④地鎮祭、⑤家相の判断、⑥名付け、⑦死の忌みが明ける際のヒバレの儀礼など、人々の依頼に応えて行う不定期なものとに大別できる。後者の場合、なかでも③⑤などはその種類が多く、時代によって執行する儀礼の内容にも相違があり、たとえば今日では病気平癒の加持祈禱が少なくなっているのもその一つである。しかし、治病の加持祈禱はかつて最も頻度の多く、かつ重要な儀礼であったといえる。

平戸島の修験者の治病の場合は、まず①易（八卦）によって、サワリ・祟り・憑きなど病因の判断を行い、次に②病因に適した治病法がとられる。ただし病因・症状・治療法の詳しい調査をしていないためここで報告することはできないが、一例として死霊が原因して病気になった場合の治療法を紹介すると、これには三種類あるといわれている。第一は一連の修法をアイナカ（半分）で区切る二座式供養法といわれるもので、これは死霊を一室に呼び入れ、供物を自由に食べさせるなど、死霊の意のままにさせることによって満足を与え帰らせる方法と説明されているもの、第二は施餓鬼作法で、子孫が祭りを怠っているために、死霊が祭りを強要し、祟りを起こした時に用いるもの、第三は、伝死病道切法といわれるもので、祓われたはずの死霊が残っており、そのために次々と不幸なことが起きる場合に用いるという。つまり、死霊が原因となった病気でも、その症状・原因によって執行する修法を異にしており、病因としては死霊のほか野狐・生霊・ガワッパ（河童）が憑く、あるいは祟ることによるものが多いようである。その治病法としては、野狐憑きの場合、数日間修法を続ける例、数人がかりで落とす例などもある。

以上述べた平戸島ヤンボシの治病法は、①易による病因の判断と、②それにもとづく治療法との二段に分かれているが、修験道一般についても同様のことがいえよう。このうち、病因の判断には易（八卦）による方法のほか、巫者に語らせる場合があり、その場合は巫女に霊をのり移らせる方法がとられ、近世期において修験者と巫者とがセットになっている場合が認められることからも、修験と巫女とが一体となって行うことが少なくなかったと思われる。以下に紹介する事例は修験・巫女の結びつきを示すものである。

日光御神領

野州河内郡森友村

年貢地住所
薬王院住
成頼房
一、菩提山直同行　　　　　　　　　　　義　鏍(26)
一、右同断　同人隠居　一乗房　　　　　竜八鏍(52)
一、右同断　同人二代　　　　　　　　　鏍　司(4)
一、当山神子代之注連元　同人母　　　　滝　翁(40)
一、当山修験宗　同人妻　　　　　　　　志　け
（以下略）
大久保熊太郎殿知行所
野州河内郡小林村
年貢地住居
光照院住
観全房
一、菩提山直同行　　　　　　　　　　　路　陳(21)
一、右同断　同人隠居　　　　　　　　　慶　斉(36)

一、右同断　同人甥　慶卓 (12)

一、当山神子代之注連元　同人曾祖伯母　祭翁 (70)

同村

一、真言宗円満寺旦那　同人母　みや

一、同寺同断　同人妻　はま (24)

（以下略）

御代官藤井清兵衛支配所
野州都賀郡板荷畑村
年貢地住居
天学院

一、菩提山直同行　玄同 (45)

一、当山神子森友村薬王院添合注連元　同院添合　歌翁 (58)

安政七年三月

（「当山派修験神子家族人別御改帳」より）

この「当山派修験神子家族人別御改帳」には、「日光山里山伏」と把振されている全一五カ院の家族・旦那寺・弟子が記載されており、うち四カ院が巫者（神子）と結びついている。

ただしこの資料だけでは巫者の役割が不明のままであるが、これまでの巫者に関する研究・報告から鑑みて、神子が神がかりをして病因の判断を行っていたであろうと推定される。

一方、修験道の治病法には実にさまざまなものがある。宮家準氏の『修験道儀礼の研究』では入峰修行・正灌頂以下一七種類に分類しているが、そのうち供養法・卜占・巫術・憑祈禱・護摩・加持・憑きものおとし・調伏法・まじない・符呪などが、ここで問題にしている治病法と深くかかわってくる。また各種の儀礼は印・真言・呪文(歌)・シン

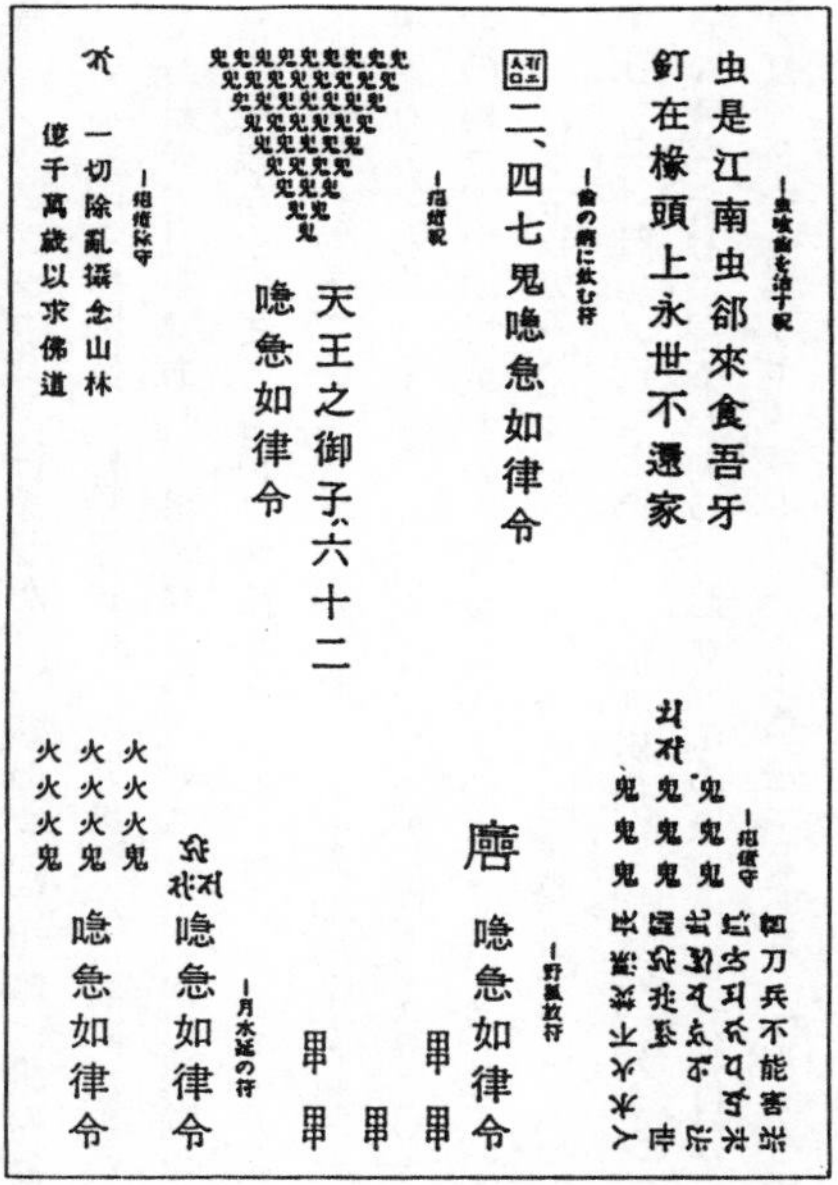


呪符の図（宮本袈裟雄著『里修験の研究』より）

ボリックアクション・符などが、単独あるいは複雑に組み合わされて一つの儀礼を構成している。呪符の図は『修験深秘行法符咒集』から取りだしたものであるが、これはあくまでも一つの見本であり、単純なものといえる。しかし修験の修法にはこうしたものから非常に複雑なものまで各種の修法があることはいうまでもない。上図（前頁）にみる符の場合でも崇拝対象である種子・鬼・真言・急急如律令が組み合わされてできており、和歌が書かれている場合も少なくない。この呪歌に関してH・O・ロタモンド氏は呪歌に目標物、歌の趣旨、力の持主という三つの要素が組み合わされていると論じている（「修験道の咒歌」『日本宗教史の謎』）。たとえば「疱瘡除守咒事」では「昔ヨリ約束ナレハ　疱亦瘢病トモ死ナシ　神垣ノ内」とあり、「疱亦瘢《ハシカ》病」「約束」「死ナシ」「神垣」など目標物、趣旨、力の持主などの言葉が入っており、このほかにも「狐付咒大事」では、「稲荷山　我玉垣ヲ打タタキ　崇リヤメヨト　イノル垂迹」とあり、「神気平癒大事」では、「崇リナス　神ヲ七瀬シ　行ケレバ　今日ヨリノチハ　跡ヘカヘラン」とある。いずれも病気の要因が霊的存在によってもたらされ、その完治を象徴する言葉が歌い込められており、それらは言霊信仰、つまりその呪歌を唱えることによって、それが具現化するという信仰に由来するといえる。修験道の諸修法は全体的に仏教的要素に覆われているが、そうした中にも呪歌や符にみるような民俗的な観念・信仰が取り込まれており、筆者はむしろ民俗的な観念や信仰がその基本にあるといっても過言ではないと考えている。

さらに修験道の修法には、崇拝対象と一体化した観念のもとでシンボリックな行為がなされる。たとえば「大聖不動明王金縛秘法」では「印ノ上ニ有二𑖮𑖯𑖽字一。𑖮𑖯𑖽字変成二𑖮𑖿𑖦𑖯𑖽字一。𑖮𑖿𑖦𑖯𑖽字変成二不動尊一。自二不動明王ノ遍身一出シ二無量無辺火焔一」と不動明王と修験者が一体となり、「綜《おさえ》テ綜セ金剛童子。膝ヒツシト綜ヨ童子。膝ヒツシト綜ヨ童子、膝ヒツシト綜ヨ童子、搦ヨ童子、不動明王ノシヨウマツノ御本躰ヲ以テシ、コノ悪霊ヲ搦メトレトノ大誓願也」と、金剛童子をして悪霊を搦めることに主眼がおかれ、「摩利支天鞭法」では日輪と一体化した修験者が鞭をもって悪霊をつく行為が伴っている。

以上、簡単に修験道の治病法、なかでも超自然的存在を作用させることによって病気を治す方法を紹介してきた。そこには各種の方法がとられているとはいえ、大別すると次の三つに分類できるのではなかろうか。

①祈り・祀り型、このタイプは修験者が崇拝する不動明王をはじめとする諸神諸仏に祈り祀ることにより、その力によって病気を治す方法といえる。

②教化型、『修験深秘行法符咒集』同『続符咒集』に「鬼霊教化」「荒神教化」「生霊教化」「疫神教化」などの修法が収録されているように、教え諭すところに中心があるタイプで、霊の本来いるべき所や霊の本性に返し、もどす方法といえる。

③調伏・排除型、憑きもの落としや諸霊を封じ込めたり、縛ったり突いたりする方法、刀や弓で威嚇したりする方法などがその代表的修法であり、このタイプの場合には修験者と崇拝対象とが一体化している観念のもとで修法が執行される点に特色があるといえる。

このように超自然的存在によって病いが発生するという観念にもとづく修験道の治療法をみると、神観念・霊観念も三段階に分けることができるのではなかろうか。その一つは修験者が崇拝し、あるいは一体化するところの神仏、つまり超自然的存在のなかでも高位に位置づけられるもの、第二は、調伏・排除されるべき低位の超自然的存在、一般に悪霊とか邪鬼邪神とか称されるもの、第三は両者の中間に位置し、修験者が使役霊として駆使したり、時には教化・調伏・排除されることもある超自然的存在、以上の三段階に分けることができると思われる。そして、前に述べた治療法や三種の超自然的存在からして、最も修験らしい治療法は、③のタイプ、つまり高位霊・崇拝対象と一体化し、悪霊等を調伏・排除することによって病気を治すところにあるとみることができよう。

## 民間医療と修験

これまで述べてきた修験道の治療法・神観念と民間医療との関係をみると、まず第一の重要な点は、修験道の神観念や治療法が民間の神観念・霊魂観あるいは病理観に立脚していることではないかと思われる。もちろん地域社会の病いに関する観念は、修験の解説によって影響を受けたり左右されていることはいうまでもない。しかしより重要なことは、修験の病理観や神観念が一般庶民の観念と遊離したところにあるのではなく、一般庶民の観念の同一線上にあるということではなかろうか。それ故にこそ修験者の解説が一般民衆に受け入れられると思うのである。

一般に民間医療のメカニズムとしては、まず①病気・怪我の発生、②原因の究明、③病気の治療・処置にすすむと思われる。ただし怪我や傷のようにその因果関係が明確なものは①の怪我の発生によって直接③の処置がとられるし、またハイ病マケ・ライ病マケなどのように血筋に原因が求められる場合もある。つまり「病因」の項で「生来」と記しているのがそれで、地域社会のなかで生まれたときからすでに病因が定まっているものもある。いずれにしても、因果関係の明確なものは、それに合った治療法がとられ、その場合にも症状によって自らが知り得ている治療法をはじめ、医師や祈禱師などの宗教家に処置を委ねる場合などの別があり、それらを併用することも少なくない。

因果関係が不明確な場合には、まず病気の原因を究明しなければならない。その判断を下す人としては自己・医師・宗教者の三者が認められる。ここで自己と記したのは、地域

病の諸分類

| 病因の判断 | 病因(超自然的存在) | | 治療 | |
|---|---|---|---|---|
| 自己 | 脱魂 | | 自己の治療 | 民間薬 |
| | | | | 神仏祈願 |
| | | | | 呪的な療法 |
| | | | | 湯治 |
| 医師 | 憑霊 | 祀り不足 | 医師の治療(西洋医学 東洋医学) | |
| | | 呪詛 | | |
| | | 憑依 | | |
| | | 巫病 | | |
| 宗教者 | 禁違犯 | 不敬 | 宗教者の治療 | 神まつり |
| | | 聖地侵入 | | 教化 |
| | | | | 調伏・排除 |
| | 生来 | | | |

社会の通念に従った判断という意味で、血筋に原因が求められるような場合を含めて、むしろ因果関係が明確化していると称することもできる。因果関係が不明な時の判断に関して、かつて石毛直道氏らのグループが島原半島で調査分析したものに、超自然的存在が作用し、宗教者の手に委ねられる「風の病い」と、医師・薬剤師によって治療する「ジッコの病い」との別があると報告されている(「カミ・つきもの・ヒト」『季刊人類学』5の4所収)。治療者としての医師・宗教者の別のみではなく、病因の判断者として医師・宗教者を一般民衆がどのように峻別しているか、如何なる基準にもとづいて医師・宗教者の判断を仰ぎ、その判断を受け入れているかという点は今後一層検討しなければならないであろうと思われるが、当然ながらその場合にも症状・判断と病因との結びつきを検討しなければならない点はいうまでもない。

次に病因、とくに超自然的存在の作用によって病気が発生する場合をみると、脱魂、つまり魂が身体から抜け落ちて病気になるもの、他の霊が憑依したり作用して病気になる憑霊・禁違犯、取り子・捨て子の習俗にみられるような魂自身が弱い場合（生来）などに分けられよう。そのうち憑霊・禁違犯によって生じる病気には、起因者が患者である場合と、起因者と患者が一致しない場合とがあるほか、祀り不足・呪詛・不敬・聖地侵入など各種の原因が挙げられる。

一方治療法についてみると、病因の判断と同様、自分で治療する場合、医師・宗教者の手に委ねる場合とが認められることはもちろんである。その場合、全体として言えることは、前述した通り患者が一つの治療法に固執せず、症状・回復の度合によって多様な方法をとっていることで、この点は患者の医師・宗教者に対する信頼度、病気の回復度と関係していると思われる。さらに、病気が魂や霊的存在の作用によるものと考えられた場合においては、その治療が最終的には霊的存在を操作できる宗教者の手に委ねられることになる。そして宗教者はそれぞれ保持している独自の霊魂観なり世界観なりにもとづいて治療にあたるわけであるが、彼等が抱く霊魂観や世界観が一般庶民のそれと全く遊離したものであると捉えるよりも、先に述べたように共通の基盤を有しているとみることのほうがより重要なことではなかろうか。

以上、修験道の治療法、宗教者と民間療法との関係について若干私見を述べてきたが、民間医療を問題にする場合には、治療法だけではなく、それぞれの地域社会の社会構造・霊魂観・世界観などを含めて検討する必要があり、さらには現代の保健・医療体系などとも関連させて問題にしなければならない。こうした点も私自身の今後の課題にしたいと考えている。

## 3 出羽三山登拝と里先達——千葉県袖ヶ浦町蔵波の事例を中心として

### (一)

千葉県には、ほぼ集落を単位として八日講・奥州講・三山講などと呼ばれる講集団が広く分布している。この講集団は、出羽三山（月山・湯殿山・羽黒山）へ登拝することを目的にした集団であることはいうまでもないが、三山に登拝した行人たちによって組織され、そのなかの経験豊かな先達の指導によって行屋（堂など）に籠って「行《ぎょう》」を行うこと、登拝のときに請けてきた「腰梵天」を納める「梵天納め」の行事が行われていること、三山碑・三山供養碑を立てることが多いこと、行人の死亡に際して行人独自の葬祭が営まれていること等々、千葉県下に認められる他の講集団と比較してかなり特色ある習俗を伝えている。そこで以下においては、君津郡袖ヶ浦町蔵波《くらなみ》の三山登拝習俗と里先達とを中心として論述することにする。

蔵波では、昭和六十二年十月に昭和二年以来六〇年ぶりに「梵天納め」の行事が行われ、行人の腰梵天（生存者一八七人、死亡した人五一人）が供養塚に埋納された。この行事は蔵波の「里の大先達」鈴木敬司氏の念願がようやく実現したもので、ムラを挙げての行事であった。この日のために氏神八幡神社の裏山に新たな三山碑を建立し、都合二三八人の腰梵天を飾った輿が作られたほか、三山碑や行屋（堂）に立てる多数の梵天が作られるなどの準備を終えて「梵天納め」の当日を迎えた。

梵天納めの式は、まず行をする行屋（堂）の庭に腰梵天を納めた輿が飾られ、本山から迎えた「三山大愛教会」館長以下行人全員で三山の祝詞が唱えられる。それが終わり、行列をつくって三山供養碑に向かうが、その順序は法螺貝を先頭に五色の旗・輿・館長・行人の順序であった。三山碑に着くと、まず供養碑に腰梵天が埋納され、三山供養碑に米・餅・塩のほか海の幸・山の幸が供えられ、全員で祝詞、死者のための般若心経を唱えた後、古い供養碑でも祝詞をあげ、御神酒をいただいて供養碑での行事を終了する。行事の初めからこの三山碑での供養までは時間にして三時間程のものであったが、その後お堂に戻って直会を行い、梵天納めの行事全てを終えた。

こうした「梵天納め」の行事は、三山登拝習俗のなかでも最も盛大なもので、大変な出

「梵天納め」の行事

費を伴うことから定期的に行われるというものではなかった。袖ヶ浦町久保田地区の例では昭和十一年頃が梵天納め行事の最後であったといわれているが、それまでの「梵天納め」では、「付き合い村」と称する近隣諸集落の行人を招待しており、また何本もの万燈や笛・太鼓などの賑やかな囃子が行列に加わる盛大なものであったという（『袖ヶ浦町民俗文化財調査報告書Ⅱ』）。また隣の市原市不入斗《いりやまず》では大正元年頃が最後であったが、それまではおよそ二〇年に一回行われ、その折には婦人達も揃いの着物・花笠をつけ踊りながら行列の後に続いたと伝えているほか、「交際村」からマンドウが出て、何千人という人々が集まるものであった（拙著『里修験の研究』）。このように「梵天納め」の行事は、付き合い村・交際村の行人たちが加わり、意匠をこらした行列がなされるなど大変賑やかな行事であった。しかし種々の事情でムラ内の行人だけで「梵天納め」をすることもあり、それを「朝めし前供養」という呼び方をすることもある。その意味では、昭和六十二年に行われた蔵波地区の「梵天納め」はこのタイプに属するものであった。

「梵天納め」は塚を築き腰梵天を納めるところに、その本義があることはいうまでもない。しかし八日講・奥州講・三山講と呼ばれているように、三山登拝を目的とした諸集団であるが、その講が単に講員だけのものではなく、ムラ全体にとって重要なものであることを示しており、さらには周辺の村々の行人との交流の場であったことも、この行事のもつ意味として軽視することのできない点ではなかろうか。

(二)

出羽三山への登拝は、七月の適当な日に出発することが多いが、「前行」と称して出かける前に行をする場合と、戻ってきた後に行われる場合とがある。蔵波地区の場合は後者のタイプに属し、八月の盆行事終了の翌日、つまり十七日から一週間行われる。しかし寒と土用の年二回といわれているように(一、八月の十七日より)、登拝に付属した修行というよりも、登拝そのものとは若干距離を隔てた比較的独立した性格をもっている。
蔵波の場合、行屋（お堂という）に籠って一週間の行が行われてきたが、修行に先だってまず行人の座る座席が決められ、先達によって浄火が火打ち石で起こされる。座順は先達以下、経験年数によって奥の方から指定され、新たに加わった者（新客）は末席の入口近くになる。また先達によって起こされる浄火は、行期間中の食事の煮炊きに使用されるが、寝るときなどにはオキを灰のなかに埋め、翌朝そのオキからツケギに火を移して浄火を継承するという方法がとられてきた。この火が神聖なものとされていることは、火の管理者であり、行の指導者でもある最古参の先達を「火の親」と称していることでも理解できよう。

行期間の食事は朝と晩の一日二回、一汁一菜で御飯もモリワタシ（一膳飯）である。そのため空腹を感ずることが少なくないが、そうした時には各自が持ち込んだ麦粉《むぎこがし》で補った。食事の準備はオソレモトと呼ぶ先達によって光明真言を唱えながら用意されるという。行の間は朝四時起床、夜一〇時就眠であり、朝・昼・午後三時・晩の一日四回、裸になって一〇八回ずつの水垢離をとるとともに、垢離をとった後に約四五分間程かかる祝詞が唱えられる。その他の時間は梵天の切り方や祝詞を習うほか、行の重要性や三山信仰のことなどについて先達に教えられるという。最終日には海岸へ行き梵天を立てて潮垢離をとり、夜に町会長などムラの役職者を呼んで直会をして行を終える。行に加わる者は、いうまでもなく出羽三山へ登拝した者が原則であるが、いろいろな事情で登拝できないでいる人も加わることができた。

三山への登拝は、今日では三、四日で行ってくるというのが一般的なようであるが、新客が加わっている場合には観光を兼ねて各地をまわってくるため、数日間延長されることが多く、かつて徒歩で行った頃には一カ月以上の日程を費やすことが普通のことであった。今日では羽黒山に着くとまず出羽三山神社に参拝し宿坊に入る。そして翌朝五時頃宿坊を出発すると一二時頃に月山の頂上につき、さらに湯殿山を参詣して田麦俣に一泊するという行程が一般的であるという。

長期間の日数を必要とした頃には、行人が登拝に出かけている間、残った家族の者が行人の安全を祈願して食事のたびごとに陰膳を用意したり、毎朝氏神へ祈願することもよく行われていたことであった。このほか蔵波地区では行わなかったというが、出発の際に家族や村人が村境へ見送りに行き盃を交わすことや、行人の帰ってきた時も村境にサカムカエに出たという地区も少なくない。蔵波では帰ってくると氏神の八幡神社にお礼参りをした後に解散することが一般的であった。

こうした三山登拝は、ムラ人たちにとって日常的世界から脱する他界遍歴を意味し、その遍歴を終えて村に戻ってきた時には、これまでの自分とは異なる別の人間として生まれ替って戻ってきたことを意味していよう。登拝する年齢はかつて四〇〜五〇代であったといわれ、三山に登って初めて村人として一人前（戸主層・老人層として）になったと考えられていた地域も少なくなかった。こうした観念は、各地の山岳登拝に認められる成人儀礼としての登山、つまり一五歳前後の子供から若者・大人への転換期に、新たな世界に入るためのイニシエーション（試練）とみなされている登山と同じ意味をもつ。また羽黒修験の入峰修行では、母の体内に入って再び生まれるという擬死再生の観念を示す象徴的儀礼が行われているが、千葉県下に広く分布する三山登拝は、村から出て戻る登拝習俗全体を擬死再生の観念で捉えることができるのではなかろうか。

また各集落ごとに行屋に籠って行う「行」は勿論のこと、三山登拝そのものも修行である。あるいは修行を積むことによってこそ、新たな力を体得した人間として生まれ替わることができるのであるとみることもできよう。ともあれ蔵波地区の登拝と行とはそれぞれが独立した傾向をみせているが、行が登拝の「前行」として行われたり、登拝後の場合も両者が密接に結びついている場合もある。むしろこうしたタイプの方が多いといえるのではないだろうか。しかし蔵波の場合は、登拝と行とが異なった意味をもっているように考えられる。つまり寒と土用の年二回行われる行は、三山講祭祀に必要な事柄を習得し、行人としての質を高める性格が強いのに対し、三山登拝は直接神威に接し、行人の位階昇進を得るという性格が強い。後者の位階についてみると、初めて登拝する者は新客と称されて、オヤマ（本山）より腰梵天と白袈裟《けさ》が授けられ、三～五回の登拝で準先達となって紫の袈裟が与えられる。さらにその後の登拝の度数と修行の深まりによって小先達・中先達・大先達の称号と赤袈裟が与えられるというものである。大先達の称号は、三山信仰に精通し、修行の面でも申し分なく行人の指導者として長年講組の発展につくした者に対して与えられるもので、蔵波が属する三山大愛教会の場合でも三、四名しかいないという。

そこで次に蔵波在住の大先達鈴木敬司氏に視点を当てて、若干その経歴についてみることにする。

鈴木氏が三山登拝に出かけたのは昭和一〇年、三〇歳代であった。当時の登拝者が四〇～五〇歳代の人が多かったことからみると、若くして登ったほうであったという。その後は毎年のように登拝するようになり、昭和三十二年にはオヤマより大先達の辞令を受け、昭和五十九年には登拝五〇回記念の祝をしてもらっている。戦前には寒と土用という年二回の行のほか、秋から冬にかけて「一夜行」「百日行」を行ったこともあったという。いずれも先達を頼み行を深めるために行ったもので、三山の祝詞をあげることに中心がおかれていた。「一夜行」の場合は、午後三時に堂に入って垢離をとり祝詞をあげ、翌日の夕方に終えるというものである。一方「百日行」の方は、昼間は仕事に従事し、夕食後堂に籠って祝詞を唱えるものであり、行期間は魚・肉類を断って精進料理で過ごしたという。こうした修行を積むことによってその成果があらわれてくることを、「声がたってくる」という。つまり声がよく通り調子よく祝詞が唱えられるようになるという意味で、逆に祝詞の唱え方が修行の深まりを判断する基準となっているようである。

さらに鈴木氏は自宅の神棚に出羽三山の掛軸を祀り、毎夜就眠前に祝詞をあげている。このほか昭和五十年以来、四国八十八カ所・西国三十三カ所各二回、坂東・秩父・最上・小豆島などの巡礼に出かけており、地域社会にあっては、人々の依頼に応じて家屋を建てる場合の地鎮祭、災禍が生じた時にその原因となった邪気・妖気を抜くなど、所謂除霊のための儀礼も執行している。また蔵波地区で一月十五日に行われるオタキアゲ（古い神札を燃やす）を始めたのも鈴木氏の提唱によるものであった。

このような里の大先達としての鈴木氏の活動をみると、単なる三山講の講員という以上に、宗教的職能者とみることができるような活動をしていることは注目されよう。これまでの出羽三山登拝習俗に関する報告・研究では、講全体の習俗や意義についてはいろいろな指摘がなされているものの、講員の個人的レベルで論じられることがほとんどなかった。出羽三山登拝習俗が所謂「行」に重点がおかれているところからみると、鈴木氏のように個人的な宗教活動をする人あるいはできる人が出現したとしても何ら不思議なことではなく、むしろ当然のことといえるのではなかろうか。ただし、鈴木氏の場合、羽黒修験の入峰修行の一つであり、修験者を目指す人々が修行しなければならない秋の峰に入ったこともなく、他山の専門的な入峰修行の経験もない。その意味では専門的な修験者ではなく、本山からみた場合は、あくまで信徒の一人であるが、実質的には、修験者的要素を兼ね備えた講員、里の大先達といえるのではなかろうか。

㈢

出羽三山登拝習俗のなかでは注目されるものの一つに、行人独自の葬祭がある。蔵波では行人が亡くなると、他の行人達が喪家に集まり、オコワを蒸かし梵天を作る。そして墓では一般の会葬が済んだ後、改めて梵天を立てて三山の祝詞・般若心経を唱えるなど、行人だけの会葬を行う。これを「開眼供養」と称してホトケからカミに転換されるための儀礼であると伝えている。またオコワをつくる場合も、小豆を煮た湯を使用して色を付けたり、そのなかに塩を入れて味をつけたりするほか、かつて座棺であった頃にはダキゼン（抱き膳）を死者に抱かせて納棺したという。そのとき使用する膳は、行期間に使用した白木の膳を用い、また粥を煮る場合も、サンダワラの上に砂を敷き、その上で火を焚くといった独特のものであった。

こうした行事内容そのものの相違は認められるものの、行人だけで改めて会葬しなおすところが少なくはなく、墓そのものを一般の人の墓と区別して用いられている地区もある。しかしいずれにしても、会葬後すぐに神となる考え方は、死して後供養を重ねることによって次第に霊が清まり神となるという日本人の霊魂観とは異質のものであり、修験道でいう即身成仏・即身即仏の考え方にもとづくものといえよう。

# V 恐山信仰と下北の他界観

# 1　恐山霊場と聖地観

## はじめに

本州の最北端下北半島に位置する恐山は、かつて宇曽利山とも称され、円錐形の火山と屏風山・大尽山・小尽山・北国山・障子山などの外輪山とからなり、その南方には釜臥山が聳えている。けれども、今日恐山といえば、カルデラ内部の宇曽利山湖の北岸、曹洞宗円通寺の管理下にある地蔵堂とその周辺一帯が中心となっている。そして、下北半島一円より死者の魂が赴く山として信仰されているとともに、七月二十三日の恐山地蔵尊の大祭、その折に行われるイタコの口寄せなどがマスコミ等によって広く世に紹介され、観光的要素も加わって霊山としての不動の地位を得ていると称しても過言ではない。

しかし、恐山に対する信仰は主として下北半島に留まり、その内部においても当然のことなから地域的差異が認められる。また、その信仰内容も山岳信仰全体の傾向がそうであるように、死者の霊が集まる山とする観念に加えて、現世利益的信仰をも包含するなど複雑な様相を示している。こうしたことから、これまでも楠正弘、桜井徳太郎、高松敬吉の三氏をはじめとして恐山信仰の歴史や構造についての分析がなされ、多くの問題が解明されてきてはいるが、恐山と釜臥山、恐山信仰に含まれる諸要素と下北半島にみる類似の信仰との関係など、今後検討しなければならない問題が少なくない(1)。

そこで本章では、恐山信仰の解明に視点を当てながらも、下北半島全域の諸信仰と対応させながら、恐山信仰の構造及びその展開を検討することにしたい。

## 近世下北の宗教と恐山

恐山の信仰内容の検討に入る前に、まず恐山の歴史と近世の下北半島における宗教界の展開に関する概略を把握しておく必要があろう。

笹沢魯羊著『下北半島町村誌』によると、恐山は慈覚大師の開闢後、恐居山金剛念寺と称してきたが、享徳・康正の頃（一四五二〜一四五六）の蛎崎氏の乱で中絶した後、享禄三年（一五三〇）に円通寺の僧宏智聚覚によって再興され、それ以降釜臥山菩提寺と称して円通寺が別当を勤めてきたこと、釜臥山に祀られている釜臥山大明神は菩提寺の奥の院であり、明暦三年（一六五七）に勧請され、本山派修験田名部の大覚院が代々別当を勤めてきたことなどが記載されている。(2) こうした『下北半島町村誌』の記述でも明らかなごとく、近世期釜臥山と恐山とが一体のものとして捉えられているにもかかわらず、曹洞宗円通寺と本山派修験大覚院とが恐山・釜臥山とを別々に支配するという変則的な形態がとられてきた。この点は下北半島における宗教界の動向・編成と深くかかわっているものといえよう。

恐山を支配する曹洞宗円通寺は、下総国東昌寺三世覚翁能正の弟子宏智聚覚によって大永元年（一五二一）に開かれた寺院と伝え、同宏智聚覚によって恐山菩提寺が再興されたことは前述の通りである。さらに円通寺は現存する下北半島の寺院のなかで、最も古い時代に創建されたものの一つといえる。一方、修験大覚院は肥後国の真如坊が大永四年に開基し、後の寛永十三年（一六三六）に千海が再興したと伝える。しかし真如坊開山説は信憑性に欠け、むしろ寛永年間に創建されたとみる方が妥当と思われる。いずれにしても、後に来住した大覚院が円通寺と結びつき、釜臥山を掌握したことは、近世期における下北半島の宗教界の動向を抜きにしては論ずることができない。

下北半島における仏教寺院の動向は、『御領分社堂』『封内郷村志』などによって知ることができ、それによると仏教寺院の創建は一七世紀に入って活発化するが、一七世紀中頃以降に開基がおかれている寺院が大半を占めている。[3] 宗派別の展開においては、まず曹洞宗が田名部円通寺・大畑大安寺を中心として教線を拡大し、次いで浄土宗が田名部常念寺、浄土真宗が同徳玄寺、日蓮宗が同善宗寺を中心として、それぞれ教線を広げており、その際に中核となった寺院は、主として一六世紀から一七世紀初頭に創立された下北半島の古刹であったことはいうまでもない。

一方、下北半島の修験寺院に関しても、先にかかげた『御領分社堂』や東通村目名地区の不動院文書「田名部輪中修験由緒下書（控）」[4]によって知ることができる。それらによると、一七世紀半ば以前に開基を求められるのは目名不動院と田名部大覚院のみで、他の修験は一七世紀後半以降の創立であることが明らかである。また不動院所蔵文書などによって、一七世紀後半に不動院など五カ院が羽黒派から本山派に転じていること、一八世紀前半までは不動院が圧倒的勢力を保持してきたが、下霞の配分などによって不動院の勢力が低下してきたのに反して、大覚院勢力が抬頭してきていることなどが知り得る。[5] 大覚院の勢力拡大は、円通寺との結びつき、その勢力を背景としたものであり、円通寺にとっても大覚院と結びつきを深める必要があった。それは、元禄十一年（一六九八）に東叡山の宮より釜臥山菩提寺は慈覚大師の開闢であるから天台宗の支配下にあるべきという主張が、南部藩藩公行信を介して伝えられたことである。東叡山の宮の発言は、当然地元下北の天台系寺院の意を受けてなされたものと考えなければならず、事実、寛文十年（一六七〇）の開基で、宝蔵坊・実蔵坊など六坊を支配し、かなりの勢力を誇っていたであろう蓮華寺が存在していた。けれども、この蓮華寺は羽黒山寂光寺末であったが、元禄年間に火災にあい、安永九年（一七八〇）に浄土宗浄念寺の兼帯となった後、明治七年に廃絶している。(6) この蓮華寺と円通寺との争いに関する確かな文書等はなく、あくまで推定の域を出ないものであるが、前述した諸要件を勘案すれば、両寺院の間の種々の確執を想定することが最も妥当であり、そのなかで羽黒とは筋目を異にし、本山派内部にあっても不動院との対抗上、円通寺と結びつき一定の役割を果たすことによって天保五年（一八三四）、文久元年（一八六一）の文書にみるごとく、釜臥山の支配を掌握し、不動院に代わって支配的な位置を獲得したものと考えられよう。(7) しかし、大覚院の釜臥山掌握の時期が釜臥山大明神を勧請した明暦年間に求めるのには疑問が残り、おそらく江戸時代中・後期以降のことといえるのではなかろうか。

ともあれ、恐山はそれをめぐる支配権の確執があったとはいえ、結果的には近世を通じて円通寺の管理下におかれてきたのであり、文化七年（一八一〇）には「奥州南部宇曽利山釜臥山菩提寺地蔵大士略縁起」が刊行されている。(8) この縁起は、恐山が慈覚大師の開闢になることを強調しているとともに、恐山に祀られる地蔵尊の霊験を説いたものであるが、慈覚大師が松島の青龍寺（瑞巌寺）、山形の山寺立石寺を開いた後、釜臥山山頂で修行し、その後恐山に赴き地蔵尊を作って菩提寺を建立したとあるごとく、先に述べた釜臥山が恐山の奥の院とする観念とは相違したものと受けとれることや、地蔵菩薩の霊験が現世利益に終始している点が興味深い。特に地蔵尊の霊験については、後に述べる恐山信仰の内容と関連してくるところから、ここに紹介しておくことにしよう。

又、此薩埵の利生あるを、経曰《ニ》、我毎日震朝、入二諸定《ニ》一入《リテ》二諸地獄《ニ》一令《メ》レ離《レ》レ苦《ヲ》乃《シ》至《ハ》現《ジ》二医王《ノ》身《ト》一或《ハ》現《ジ》二薬草《ノ》身《ト》一或《ハ》現《ジ》二商身《ト》一或《ハ》現《ジ》二農人《ト》一或《ハ》現《ズ》二大海形《ト》一已上 其誓約不レ空夜毎《ニ》此孤独《ノ》地獄《ニ》錫《ヲ》鳴《シ》衆生《ノ》痛苦《ニ》代り給へるは、今猶、厳然として明也。（中略）度々諸人歩を運て病患を祈は、立所に平生の容体にもとり、子無者は、子を祈れは、平産し、武運、火盗、双消、雷除、横難除、五穀成就、一切諸願皆悉く験あらすと云ことなく、又海路の無難を念願すれは、必順風快便を得て、船筏恙なく満願せしもの挙て算ふへからす

このように縁起が説く地蔵尊の霊験は、今日の恐山信仰で強調されている死者の山としての性格は窺い知れず、現世利益的性格が強調されている。しかし恐山が死者の魂の集まる場所として信仰され、すでに多くの人々の登拝がなされていたことは、寛永五年（一七

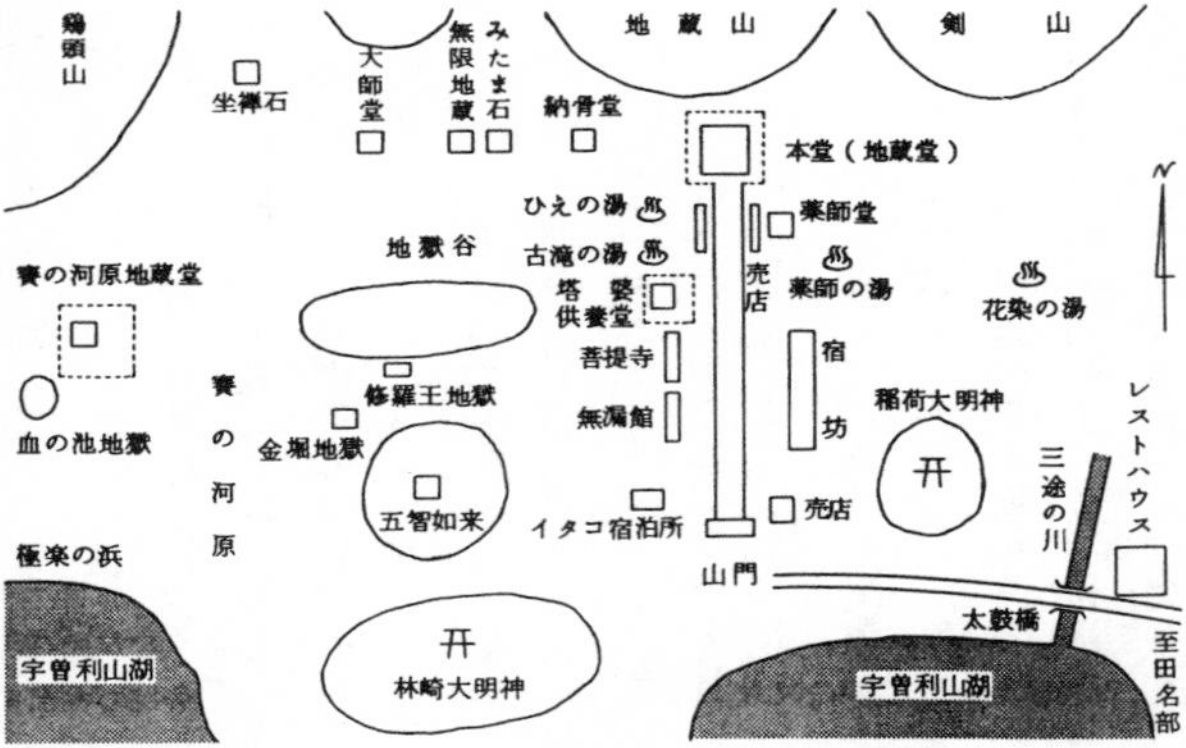


恐山山内概略図（観光資源保護財団『観光資源調査報告』Vol.5-2.〈さいはての霊場恐山——信仰と観光の接点を深る〉18頁より）

九三）に書かれた菅江真澄の次の一文によって知り得よう[9]。

あけなば地蔵会なりけりとて、きのふよりかり（仮）小屋たてて、なにくれまうけたるに、午未（午後一時）の頃より村々里々の人あまた来集り、国々のすぎやう者、かなつゞみをうち、鈴ふりまぜて、あみだ仏をとなへ、卒堵（塔）婆つかの前にはいかめしき棚を造り、薄かりしきて、高やかのいたやうの木ふたもとを左右にたてて、からほい、なでしこ、女郎花、紫陽花、連銭、馬形に、な丶のほとけのはたかけて、あか（閼伽）そなへたるに、御堂より柾仏とて、そぎた（粉板）に書たるひともと、六文の銭にかへて、老たるわかき男女、

旧恐山地蔵堂

手ごとにもちいたり、この棚におきて水むすびあげ、あなはかな、わが花と見し孫子よ、かくこそなり行しか。わがはらから、つまよ子よ、あまたのなきたま呼びになき叫ぶ声、ねんぶちの声、山にこたへ、こだまにひゞきぬ。

おやは子の子はおやのためなきたまを
よばふ袂のいかにぬれけん

ちいさき袋の中より、うちまき（散米）いだして水そゝぎたる女、あが子が、さいの河原にあらば、今一め見せてとうちなげきて、しぼみたるとこなつを、此たなのうへにおきたる。

右に掲げた真澄の記述によって、恐山地蔵尊の大祭（旧六月二十三日）に亡き身内の霊に会うために、各地から多数の人々が登拝していたことが明らかであろう。ということは、文化七年の縁起がすでに定まっている死霊の山としての信仰を前提とし、現世・来世二世の山として、また下北半島における諸信仰を集中させ卓越した存在としての恐山をより確かなものとするために、特に地蔵尊の現世利益的性格を強調したのではなかろうか。しかしその現世利益的性格は地蔵菩薩に関する経典に依拠するだけではなく、下北半島の人々の諸信仰を背景として、それを吸収する形で唱えられているという点も見逃すことのできないことと思われる。[10]

## 恐山信仰の諸相

前述したごとく、今日の恐山信仰は死者の山として広く知られており、事実、他界観念がその中核に位置していると称しても過言ではない。しかし死者の山としての性格にとどまらず多様な性格が含まれているのであり、さらには下北半島内部における地域差がある。まず、そうした点に注目しながら恐山信仰の事例を概観することにしよう。

**事例1**　東通村小田野沢[11]

小田野沢地区は東通村の東南部、田名部から約二〇キロメートル余の距離にある半農半漁の集落であり、昭和三十四年防衛庁下北試験場設置、翌年に下北バスの開通、四十年の東通原子力発電所建設決定などによって大きく変貌してきている。

小田野沢地区では、七月二十日からの恐山大祭にババ連中を中心として多くの人々が参詣する。かつては田名部まで徒歩で約五時間ほどかかったため、夜が明けぬうちに出発しても恐山に着くのは日が暮れる頃になってしまい、恐山菩提寺の宿坊で一泊し、翌日お参りをする。人によっては二、三泊し、古瀧の湯・冷の湯・薬師の湯・花染の湯・新瀧の湯などと呼ばれる境内の温泉に入ることを楽しみにしている人もいる。恐山登拝には、草鞋二足ほど、供物としての団子・餅・赤飯・菓子などを風呂敷に包み、それを背負って登った。宿坊で一泊した翌日、地蔵尊に参拝するとともに塔婆を買って祖先の供養をする。また幼児を亡くした人は賽の河原の石積をし供物を供えて供養し、海で死んだ人の場合には小舟を作り供物や賽銭を入れて宇曽利山湖に浮かべて供養するほか、登拝できない人に頼まれて塔婆を買うことや、イタコの口寄せを聞く人、虫除けの札・災害防止の札を受けてくる人が多い。虫除けの札は三尺ほどの竹につけて田畑に立てると伝えており、恐山登拝から帰ると、七月二十四日にババ連中が墓地入口前の「寺」と呼ばれる建物に集まって念仏をあげる。

このほか、死者の魂は恐山に往くとされ、ババ連中は冗談で「わい（私）は、もう年だから恐山に嫁に往く」などともいう。また、新仏がでた家では百カ日から一年忌の間に死者の歯骨を恐山に納めるものとされている。しかし恐山への春参り、秋参りはなく、三月・九月の十六日に「農神様」を祀り、臼に米を入れて杵で叩き、その音で農神様と山の神とが交替すると伝えている。

恐山登拝は、主としてババ連中が主体となっている。彼女らはババ講を組織しており、「地蔵様の命日」とされる月の二十四日に「寺」に集まって念仏を唱えるほか、二十四日以外にも盆の十五日・春秋彼岸・恐山大祭最終日の二十四日・正月十六日・二月二十日・五月八日に「寺」で念仏をあげ、さらに正月の大黒舞を踊って門付けすることや、葬式・疫病の流行時のジュズフキ（百万遍）をする。このようにババ講は、死者・先祖供養に中心がおかれながらも、現世利益面においても大きな役割を果たしており、その一部において恐山信仰と連動しているといえよう。

**事例2**　むつ市城ヶ沢(12)

城ヶ沢地区はJR線大湊沢からバスで数十分、陸奥湾に面した集落で、北西に釜臥山を眺望することができる。ここでは、六〇歳以上の女性でババ仲間を組織しており、毎月二十四日に八幡神社に集まって念仏を唱え会食をする（戦前には当番の家に集まっていたが、戦後曹洞宗清沢寺の位牌堂に集まるようになり、さらに神社へと変わった)。七月の恐山の大祭には、六〇歳をすぎた婆様たちは必ずお参りするものとされており、二十日には若い娘か孫をオグリト(送り人)につけ、二十三日までの食事の材料、夜具類などをもってきてもらう。また城ヶ沢では夜具の下に敷くウスビリ一〇枚、自炊用の鍋一式を恐山に預けておき、恐山での宿泊に利用するようにしている。山での生活は三度の食事をとり風呂に入って他の参詣の人と歓談したりするなど、のんびりと過ごす。

二十二日には円通寺の住職が登山し、「下寺」で祈禱をするが、その時の祈禱札や供物は田畑の虫除けに一番効くというので、我れ先にと奪い合う光景もみられる。また塔婆を買う人、夜になると山に向かって死者の名前を呼ぶ人も多いという。城ヶ沢の婆様たちは、二十三日にムゲト(迎え人)を待って下山し、翌二十四日の地域の地蔵講に参加する。また、新仏の家では一年以内に歯骨を恐山に納めるものとされている。

こうした恐山の大祭への登拝(夏祭り)のほか、春秋二回のオヤママイリ(春参り・秋参り)があり、春は五月末から六月上旬にかけて、秋は「秋ジメ」(収穫時期)の前の九月頃に登る。この登拝も婆様たちが行っているが、日帰りの登拝であるため、比較的若い層が出かけ、春参りには祈禱札(田畑の虫除け)を受け、魔除けとするシャクナゲの葉を持ち帰るほか、登拝した草履で田畑を歩くと病虫害にならないとも伝えている。

## 事例3　脇野沢村⑬

脇野沢村は下北半島の西南端にあり、村役場がおかれ社会・経済・政治の上で中心を占める本村と、その枝村的存在であるヤマザイ（片具・滝山・源藤城）、カミザイ（沿岸の集落で瀬野・新井田・寄浪・蛸田・芋田・九艘泊）、比較的独立している小沢地区との大きく四つに分けられる。脇野沢村における恐山信仰については改めて後述するが、ここでは恐山を中心として、その展開を考える上で主要な点を要約し紹介することにしよう。脇野沢村でも恐山の夏の大祭に参詣することが多く、滝山地区では主として婆様たちが登拝し、特に新仏が出た家では五年から七年間ほどは毎年オヤマ（恐山）に登るものとされている。この婆様たちは、毎月の二十四日に檀那寺や「寺」に集まり、地蔵尊を祀っているが、小沢地区や瀬尾地区では、この日を「オヤマ（恐山）の地蔵様の命日」と称している。恐山への登拝は一般に二泊三日の日程で、隣接する川内町の銀杏木地区より登る場合と、川内から大湊まで定期船が就航していた頃はむつ市の大平口から登る場合とがあったが、現在ではバスで田名部口から登り、日帰りの場合が多い。

登拝者は宿泊するための米、供物としての草鞋、草履、サラシの手拭・賽銭・アラレ・花・菓子・果物・団子などを持参し、草鞋や草履・手拭などは死者のために賽の河原の地蔵堂に納めてくる。また身内に死亡して間もない人がいる場合には、札を血の池地獄に浮かべ、それが沈めば死者が成仏したと判断するという。

歯骨を納める習俗も伝えられており、死後一年から七、八年の間に納めるものとされているが、三年を過ぎて納めることが一般的であった。そのほか、小沢地区にはかつて春参りも行われていたことがうかがえる。それは、明治三十六年の文書「自立厚生誓言項目」に「春恐山行ハ二人トシ一戸平均拾銭ヅツ経費トシ徴収シ、其ノ他ハ白米三升トスルコト」と記載されているからであり、ムラ行事として代参講の形態があったことが知られる。しかし、伝承からは春秋の恐山登拝はうかがうことが出来ず、それに相当するものとして前述した東通村小田野沢地区と同じように、五月十六日・十一月十六日に農神様を祀り、シトギを搗く音で農神様が山と里を去来すると伝えている。さらに本村では五月十六日から十八日の三日間、鎮守である八幡神社をはじめ寺社・小祠を参拝してまわる「春参り」が行われている。

寄浪地区のオシャリハマ（御舎利浜）の伝承も恐山と結びついている。オシャリハマには黒石のなかに白石が点々と付いているものがあり、その白石がこぼれ落ちるところから「子持ち石」と呼ばれているが、本村・新井田地区の人々は恐山参りの帰りには、家に寄らずオシャリハマに行き子持ち石を拾ってくるものとされている。しかし地元の寄浪や蛸田では、他地域で行われてきた恐山参りの習俗とみなし、寄浪・蛸田における恐山参りでは子持ち石を拾うことはなかったという。ただし、子持ち石は子供のほしい人、お金のほしい人が拾い、着物の懐や財布の中に入れておくものという伝承は、寄浪・蛸田を含めて脇野沢村のより広い範域でみられる。このほか、佐井村牛滝と同福浦の間にある仏ヶ浦にも地蔵尊が祀られ、極楽浜・賽の河原などが広がっている。この地蔵堂は恐山の奥の院とされ、牛滝地区で管理し七月二十四日に祭りを執行している。

以上、東通村小田野沢・むつ市城ヶ沢・脇野沢村と三地区の恐山信仰を概観してきたが、三地域に共通する点は、婆様と呼ばれ、地蔵尊の祭祀に携わっている老女たちが主たる担い手となっていることであり、死者・先祖供養のための恐山登拝にその目的があること、さらに山中での湯治を楽しみにしていることなどであろう。老女たちが月の二十四日に地蔵尊を祀り、その場が老女たちの社交の場となっていることは、下北半島全域においてほぼ共通していることであり、その意味では恐山のもつ構造と類似しているともいえる。しかし、現世利益的性格が強い春参り・秋参りはむつ市城ヶ沢地区のみで、かつて脇野沢村小沢に代参講が行われていたことが認められるものの、伝承ではうかがい知ることができず、地域的差異が顕著である。下北半島において春秋の恐山参りが行われている地域は、高松敬吉氏によるとむつ市全域、大畑町・川内町の大部分、東通村の一部で、大間・佐井・風間浦・脇野沢などの町村では認められない[14]。つまり、春秋の恐山参りは、恐山周辺の市町村に限られるということになる。

また、春参りは豊作祈願のための登拝であり、秋参りはそのお礼参りといわれていることが一般的で、恐山で受ける神札、山中から持ちかえるシャクナゲ、登拝に履いた草鞋などは、いずれも農作物の害虫駆除に霊験あらたかなものとされている。しかし恐山信仰の現世利益的側面は、農作物の守護とされるばかりではなく、大漁祈願としての性格も認められ、たとえば、東通村猿ヶ森地区では、近年まで七月から八月にかけて大漁祈願のための代参が行われていた。ここでは、代参者二人が恐山へ登り大漁・安全の祈願をし守札を受けて下山すると、まず田名部の親方衆（網元）に立ち寄って御神酒二升を貰ってくる。ムラでは番屋に集まって代参者を待ちうけ、親方から貰ってきた御神酒のうち、一升は神棚に祀っている龍神に供え、他の御神酒には恐山で受けた神札を付けて船に乗せて海に出る。そして海上を三回廻った後、その真ん中に進んで神札を付けた御神酒を海に沈めたという。こうした祈願をした後、大漁が続くと恐山へのお礼参りが行われる[15]。この猿ヶ森地区の例のように、漁村では大漁・海上安全の守護として恐山が信仰されているが、その範囲は春秋の恐山参りと同様、恐山周辺の市町村に限定されているといえよう。

## 恐山信仰の構造と展開

これまで恐山信仰に視点を当てながら、恐山・釜臥山と円通寺・大覚院との歴史的関係、さらに民俗資料をもとにした恐山信仰の実態について概観してきた。すでに明らかにしたごとく、恐山は近世以前から円通寺の支配するところであったが、釜臥山は近世中頃以降に大覚院が掌握するようになったものである。しかし、恐山・釜臥山の歴史については二つの問題が残されている。その一つは、円通寺が恐山を支配するようになる以前の問題であり、もう一つは円通寺が支配するようになった後のいわゆる恐山山地との関係である。

まず前者については、慈覚大師開闢説や六坊を支配下においていた蓮華寺の存在からみて、円通寺支配以前の恐山の姿は、いわゆる恐山山地一帯を含めた天台系山岳修行者たちの修行道場であったことを推定させる。確かに慈覚大師開闢説は、東北地方の諸寺院の多くがもつ慈覚大師開山説と同様、後に付加されたものであり、また近世期下北半島在住の里修験のなかでは、管見する限り大覚院以外に釜臥山と関係する者を認めることができない。けれども、里に定着し修行者としての性格を弱めた修験者たちの以前の姿、つまり山岳修行者・漂泊性豊かな修験者を想定することができることや、慈覚大師開闢説も大師と

下北における地蔵講

無関係な曹洞宗円通寺が新たに作りだしたというよりも、天台系山岳修行者たちが伝承してきた慈覚大師開闢説を、恐山の歴史的な古さを強調するために円通寺が自らの縁起の中に取り込んだと考える方が自然であることからして、円通寺支配以前の恐山が山岳修行者たちの修行場であったことを想定できるのではなかろうか。

第二点の円通寺が恐山菩提寺を支配した後のいわゆる恐山山地との関係であるが、菩提寺を掌握することによって円通寺が恐山山地全山を掌握したと考えるのには疑問が残り、むしろ菩提寺を中心とした宇曽利山湖一帯にとどまっていたとみるべきではなかろうか。というのは、先に述べた蓮華寺の存在をはじめ、恐山への登拝口の一つ、大畑の正津川には恐山登拝のための禊所とされ、奪衣婆像を安置する東光山優婆寺（浄土宗）があること、明暦年間に勧請された釜臥山大明神が、さらに天和三年（一六八三）に正津川にも勧請されて釜臥山下居《おりい》大明神として祀られたことなど、恐山菩提寺を中心としながらも、それぞれが独立した存在であったことによる。なかでも釜臥山は、菩提寺及びその周辺に対する信仰とは異なった独自の信仰を伝えており、恐山信仰とは好対照をみせている。

釜臥山信仰については、筆者もすでに論じているところなので、ここではその要点を述べるにとどめるが、恐山信仰と相違する最も大きな点は、女人禁制の山とされ、登拝には厳重な精進潔斎が要求されてきたことである(16)。戦後、釜臥山山頂に米軍レーダー基地が設置され、一般人の立ち入りが禁止されたことなどによって登拝を廃止したところも多く、現在では田名部栗山・大湊上町・川守の三地区に減少してしまい、登拝も八月十三日の一日に限られている。また大覚院の指導下におかれているとはいえ、御幣・金剛杖などについては栗山は円通寺、かつて川内町小倉平では泉竜寺より受けていたごとく、大覚院が釜臥山登拝をすべて掌握しているとは言いがたい。けれども、登拝の目的は共通して心身の鍛練・五穀豊穣祈願のためとされ、今日では前者に重きがおかれている。しかし、幕末の文久元年（一八六一）七月の「覚」によると、五月二十日より八月二十日までの三カ月間が登拝期間とされ、先達（大覚院）の指導で登り、先達は「天下泰平御当国大守公御武運長久五穀成就海上無難山中杣働安全参詣之御方志願成就」を祈るものとされていた。[17]

こうした釜臥山信仰は、それぞれの地域レベルの地蔵講を背景としたババ連中によって担われ、死者・先祖供養を中心とした恐山信仰とは好対照をなし、恐山を「死者・先祖の山、女性の世界」とみるならば、釜臥山は「神の山と男性の世界」と位置づけることができよう。しかしながら恐山信仰には、先に述べたごとく春参りを中心とした現世利益的信仰が一つの重要な柱を構成しているのであり、この現世利益的側面が釜臥山信仰と重複している。けれども、釜臥山登拝が現在三地区のみに減少しているところからみると、釜臥山信仰そのものが恐山信仰に比肩できる信仰とは言いがたい面がある。しかし文久三年の「覚」などから推して、釜臥山信仰が現世利益的側面においては恐山信仰に匹敵できる信仰を保持していたと推定されるのであり、その後の歴史的展開において、恐山が釜臥山信仰を圧倒して現世利益的信仰を確立してきたとみることができるのではなかろうか。

ところで、恐山信仰の内容に関しては楠正弘氏の詳細な分析があり、次頁のような図が作成されている。[18] ここで重要なことは、本殿に祀られる地蔵尊に対して現世利益的祈願がなされ、賽の河原の地蔵尊が死者供養の対象とされているごとく、恐山に祀られている地蔵尊の信仰に機能分化が認められることである。また楠氏は寛政五年（一七九五）に西院

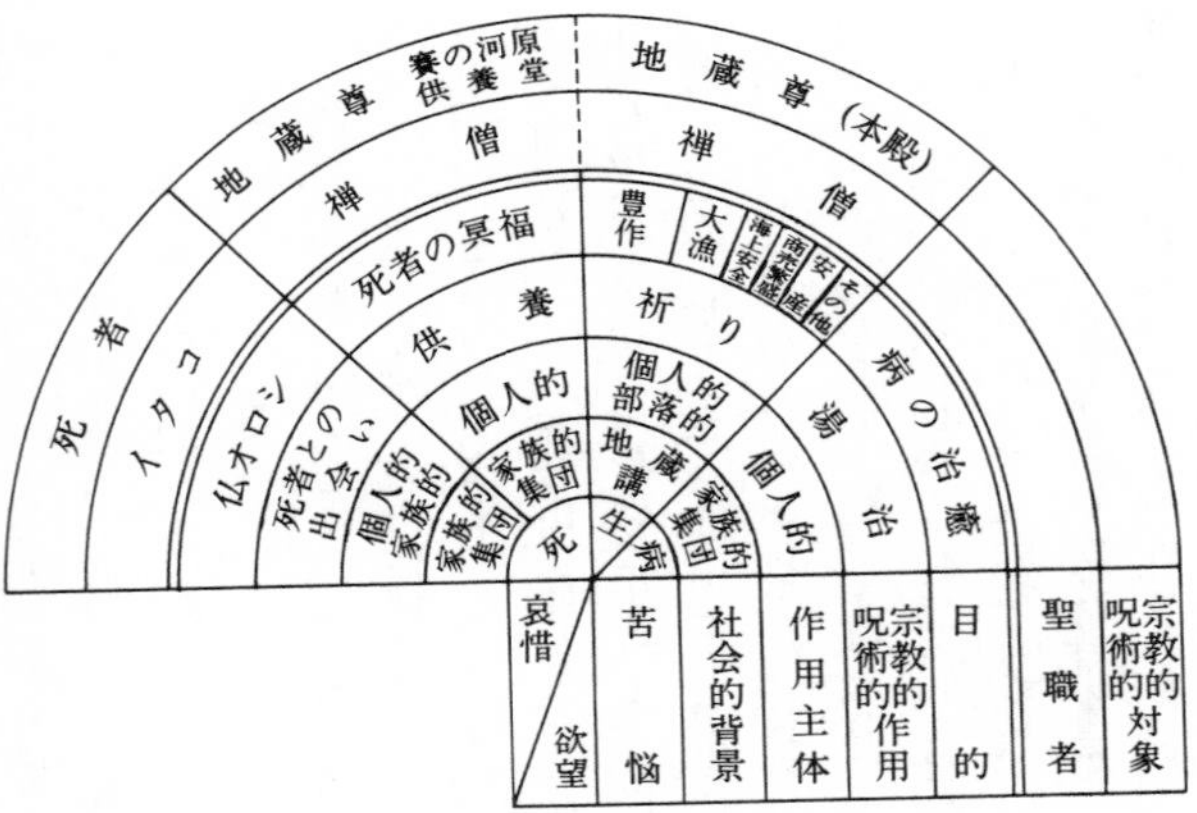


恐山信仰概念図

湯治には、科学的作用と呪術的心意作用とが共存しうる（楠正弘著『庶民信仰の世界——恐山信仰とオシラサン信仰——』（未来社刊）228頁より）

の川原に石の地蔵尊が建てられ、その後に賽の河原の地蔵堂が建立されたことを明らかにし、さらには安政年間の風害によって破壊された本殿再建に際して新たに地蔵尊が彫刻され、それまで本殿に祀られていた地蔵尊が賽の河原の地蔵堂に移されたのではないかと推定している[19]。この考え方も推定の域を出ないものとはいえ、非常に有力な説といえよう。いずれにしても、賽の河原の地蔵尊と本殿の地蔵尊とができ、結果的に今日、本殿の地蔵尊に対して現世利益的信仰が寄せられていることは注目されることで、本殿の地蔵尊は先に述べたごとく、現世利益を強調した「奥州南部宇曽利山釜臥山菩提寺地蔵大士略縁起」の延長上にあり、さらにその系譜は明暦年間の釜臥山大明神の勧請へと繋がるといえる。つまり恐山信仰に含まれる現世利益的信仰は、恐山と釜臥山の一体化、釜臥山信仰からの吸収によって果たし得たとみることができるのである。

この点は、今日の下北半島全域において認められる春秋の農神の交替という信仰からもいえることで、恐山の春参りは前述した小田野沢・脇野沢の農神信仰・春参りの信仰と性格を同じくするものであり、この農神信仰、あるいは漁村にあっては漁業神信仰を吸収する形で果たし得たのであろう。しかし死者の山とされ、山容を仰ぎみることの出来ない宇曽利山湖一帯の恐山が、そうした現世利益を取り込むのにはあまりにも不自然であり、山麓部にあってその山容を常に眺望できる釜臥山を介して初めて可能になったと思われる。逆に釜臥山についてみれば、本来山麓部から寄せられていた農神の山としての信仰や、ヤマアテの習俗に伴う漁業神信仰を恐山信仰に奪われることによって脱落させてしまい、農作物の豊穣祈願が含まれているとはいうものの、心身の鍛練が強調された夏のヤマカケのみが残ったと考えることの方が妥当なのではなかろうか。そうした現象を可能にしたのは、円通寺による地蔵尊がもつ現世利益的性格の強調であり、恐山・釜臥山をそれぞれ支配した円通寺と大覚院との力関係、具体的には円通寺の庇護のもとにあったと思えるような大

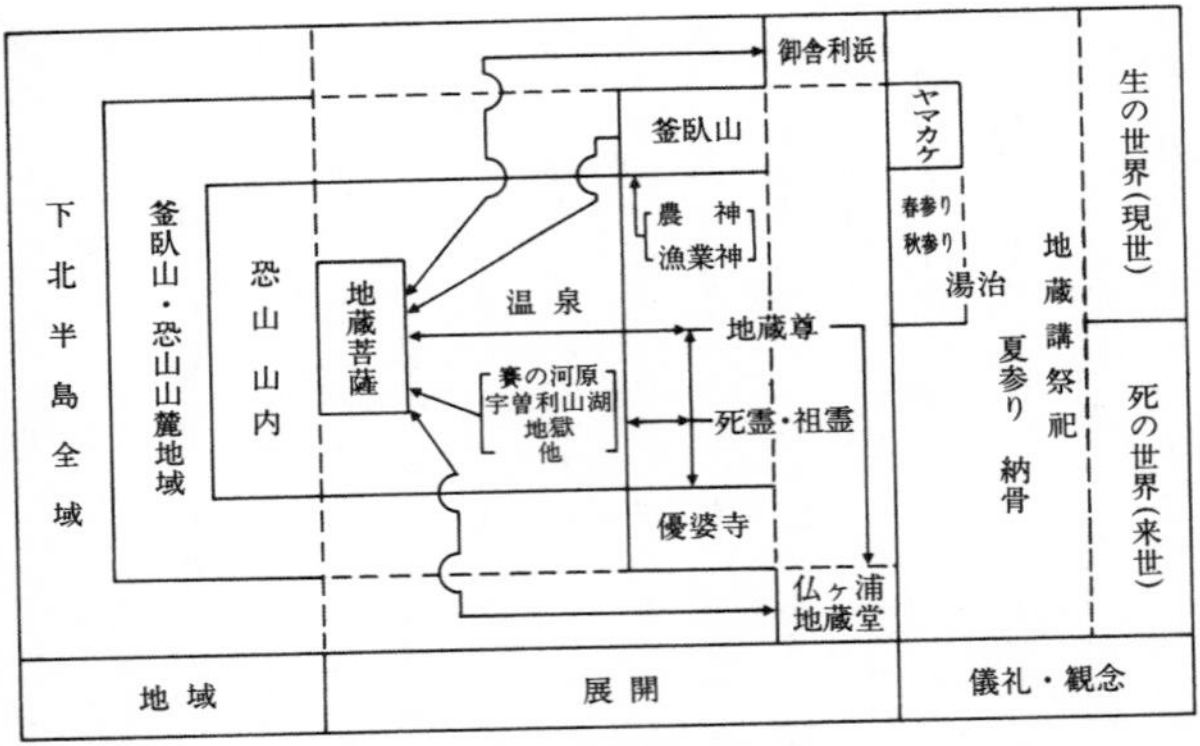


恐山信仰展開の概念略図

覚院の立場等々に基づくものであったということはいうまでもない。このように恐山が湯治を通して持っていた現世利益的性格を拡大し、漸次農業神・漁業神としての性格を備えてきたのであり、山麓部のムラレベルの信仰を釜臥山を介して取り込んだことは、下北半島における諸信仰の集中化と表現することができよう。

一方、恐山が死霊・祖霊の集まる山とする信仰は、下北半島全域に広まっており、それが各地区で組織しているババ講・地蔵講によって担われ、夏参りの習俗に端的に表われていることは繰り返し述べてきたところである。また、死者の歯骨納めも下北半島全域に分布しており、恐山からは最も遠い脇野沢村寄浪のオシャリハマ（御舎利浜）、佐井村牛滝の仏ヶ浦の地蔵堂も恐山と関連づけられていることは前述した通りである。このうち御舎利浜は出産と蓄財の信仰が認められ、仏ヶ浦に対しては死者・先祖供養と大漁祈願が行われている。これら御舎利浜・仏ヶ浦に対する信仰は、それぞれ独自の信仰を展開させてきたもので、それが恐山信仰の拡大によって両者が結びつき、恐山の奥院とする伝承や、子持ち石を拾うことによって恐山参りが完了するという伝承が成立したものであることは、あらためて論ずるまでもないことであろう。同じことは地蔵講についてもいえることで、桜井徳太郎氏は「まず年序的集団としてのババ講が成立し、それに埋葬・念仏・供養の機能が賦与されて無常講・念仏講となった。ところが、たまたま地域社会の民間信仰としての地蔵尊崇拝の風潮がたかまり、各部落に地蔵堂を建てて祀るという方式が定着するにつれて、それをも採り容れた地蔵講組織へと移り変わってきたのである。(中略)かかる地蔵講が恐山と関係をもつようになったのは、いうまでもなく時期的にはそののちである」と指摘している。[20] こうした桜井氏の考え方は、大筋において筆者も賛同するものであるが、ババ講の地蔵講への移行及び恐山との結合が、死者・祖霊の山としての恐山信仰の高揚、円通寺の地蔵菩薩の霊験の強調(ただし、主として現世利益的側面であるが)などによって促進されたという側面を無視することができないと考えている。いずれにしても、ムラレベルの先祖供養、組織化されたババ講・地蔵講を通して死霊・祖霊の集まる山・地蔵尊を祀る山としての恐山信仰が浸透・定着し、今日みるような下北半島全域における信仰が形成されたのであり、これを恐山信仰の拡大と表現することができよう。

以上、現世・来世二世の山とされる恐山信仰の性格とその歴史的展開について論じてきたが、山麓部における主として現世利益的信仰の集中化と、地蔵信仰、死霊・祖霊信仰を通しての拡大化によって、今日の信仰内容と範域が形成されたのである。もっとも、後者の死者供養の性格は、イタコの口寄せなどとも相俟ってますます強調され、一層高まってきているといえよう。

**注**

(1) 楠正弘『下北の宗教』一九六八年十二月、同『庶民信仰の世界』一九八四年十一月(以上未来社)、桜井徳太郎『日本のシャマニズム上』一九七四年十一月(吉川弘文館)、高松敬吉『下北半島の民間信仰』一九八三年(伝統と現代社)。

(2) 笹沢魯羊『下北半島町村誌』上巻(復刻)一九八〇年二月(名著出版)、一六七、一七四~一七七頁。

(3) 岩手県立図書館蔵『御領分社堂』(年不詳)及び楠正弘『庶民信仰の世界』前掲、二九~七九頁。

（4）拙稿「東北地方における里修験の研究」一九八二年三月（筑波大学）、一～一六頁。
（5）同右。
（6）注（2）に同じ。
（7）注（4）に同じ。
（8）「奥州南部宇曽利山釜臥山菩提寺地蔵大士略縁起」『修験道史料集〔1〕』（山岳宗教史研究叢書一七）所収、一九八三年六月（名著出版）、二～四頁。
（9）菅江真澄「於久能宇良〱《おくのうらうら》」『菅江真澄全集』巻二所収、三四六頁。
（10）「奥州南部宇曽利山釜臥山菩提寺地蔵大士略縁起」の地蔵に関する経典は、楠氏が『庶民信仰の世界』（前掲）において『仏説延命地蔵菩薩経』に基づくものであることを論じている。
（11）青森県立郷土館『小田野沢の民俗』一九八三年三月。
（12）高松敬吉「信仰と宗教」『下北半島の歴史と民俗』所収、一九七八年八月、二八〇～二八六頁。
（13）拙稿「あの世」『脇野沢村史　民俗編』一九八三年四月、四四二～四五三頁。
（14）高松敬吉・前掲書、二一〇～二一二頁。
（15）同右、二一四～二一五頁。
（16）拙著『里修験の研究』一九八四年十月、七八～八八頁。
（17）大覚院文書「覚」文久元年七月。
（18）楠正弘『庶民信仰の世界』二二三頁。

(19) 同右、九七〜一〇三頁。
(20) 桜井徳太郎・前掲書、一七六〜一七七頁。

## 2　下北における他界観——脇野沢村の儀礼を通して

### はじめに

前節においては、死霊・祖霊が集まる山岳として知られている恐山に焦点を当て、そうした信仰の形成・展開について論じてきた。そこには恐山のもつ自然環境と、地蔵堂及び賽の河原に祀られる地蔵菩薩を中心として、下北諸地域にみられる諸信仰の集中化と恐山信仰の拡大化によって、今日みられるような信仰ができあがってきたのである。

しかしながら、下北の人々の観念する他界が全て恐山に集中しているわけではなく、産育儀礼・葬送儀礼・年中行事等を検討してみるとき、下北半島の人々が抱く多様な他界・あの世が浮かびあがってくる。そこで次に下北半島の人々が抱く他界観念の一例として、恐山から最も遠距離にある脇野沢村の民俗を検討することにしたい。

## 脇野沢村における恐山信仰

すでに紹介した通り、脇野沢村においても恐山信仰が盛んである。たとえば、脇野沢村の滝山地区では、恐山の夏の大祭にお参りに行くことが多い。現在では七月二十二日頃から恐山参りに出かけるが、主としてバサマ達が多く、なかでも新しく「ホトケ（死者）の出た家」は五年から七年ぐらいの間は毎年オヤマに登るものとされている。恐山参りについて語ってくれた古老の家では、養子として迎えた息子が四〇歳前で死亡し、すでに一〇数年経ているものの、母親が毎年オヤマに参詣しているという。また死者が出た場合に「恐山さ入った」といい、死んだと思った人が息を吹き返した時などには「恐山のお地蔵さんから戻された」ともいう。

恐山への参詣は、かつては歩いて行ったもので、そのコースも滝山から本村に行き、小沢地区を経て川内へ行く。そこから銀杏木地区へ通ずる道を登り、その途中の地蔵様が祀られている所より山に入って、釜臥山の麓をまわり恐山に入った。しかし、現在では、本村よりバスで恐山に登ることがほとんどである。

恐山参りに持参するものは、参詣者が宿泊するための米と、供えものとして草鞋や草履、サラシの手拭、賽銭、アラレ（昔は米）、花、菓子、果物、団子などであり、このうち草履や草鞋、サラシの手拭などは恐山の賽の河原にある地蔵堂に納めてくる。それは、死者がオヤマに行った後に地蔵様につかえて、雨の日も風の日も花摘みとか恐山の掃除など毎日働いているため、草鞋や手拭を身につけて、身体を大切にして働いてほしいという願いのためであると伝えている。また参詣者が石を積むのは、ホトケが積んでいるのを助けるためであり、積んだ石がくずれても翌日には元の通りに石が積まれているものだという。恐山では死者・先祖を供養するために塔婆を買って立て、地蔵堂や地獄などを拝んでまわり、イタコの口寄せを聞くなどして一泊して帰る。

次に新井田地区における恐山参りを高松敬吉の調査報告から要約して述べることにする(1)。新井田でもかつては川内口より恐山に登っていたが、定期船就航後、脇野沢に着かなかった頃は川内より船で大湊まで行き、大平口より登った。恐山参りは旧六月二十一日の朝に出発し、二泊三日の日程でお参りした。持参するものは、宿泊のための毛布と米一升、漬物、鱈、すぐりを煮たジャム、団子、草履、手拭、花、菓子、果物などの供え物などであった。下寺で宿泊し、二十一日のオヤマの晩の祈禱にお参りする。二十三日には円通寺住職が入山して執行する祈禱（大般若経の転読）にはお参りできずに帰ってきたという。

また恐山では上寺にお参りした後、各所に祀られている地蔵様にお参りしながら賽の河

恐山賽河原の地蔵堂前

原に行き、草履や手拭を供え、すでに供えてあった草履を持ち帰る。これは、山に入る時などに恐山から持ち帰った草履を履くと蛇にかまれないといわれているためである。また親戚の人などで、死亡して間もない人がいる場合には、お札を血の池地獄に入れ、それが沈めばホトケ様（死者）が成仏したと判断する。

小沢の場合は、近年バスを貸り切り、参詣者を募って団体で恐山の夏の大祭に参詣している。またこれとは別に死後一周忌を過ぎてから歯骨をもって恐山に納めに行く。

この歯骨を恐山に納めるという習俗は、脇野沢村全体において行われている習俗である。蛸田では死後一～七、八年の間に恐山の骨堂に納めると伝え、恐山の年三度の大祭の機会に納めることが多いものの、それ以外にも骨納めのために参詣することがあるという。本村や小沢の場合には三年を過ぎてから納めに行くことが一般的であった。

恐山への歯骨を納める時期が、むつ市や東通村などの恐山周辺地域では死後一年以内に納めるものとされているところからみると、脇野沢村の例はかなり遅くなっている。これは、脇野沢村が恐山周辺地域とは異なり、遠隔地に位置しているためではなかろうか。また、先に述べた恐山の春マイリ、秋マイリが伝承されていない点も同様の理由によるものと思われる。脇野沢村において恐山でみられる春マイリに相当するものとしては、本村や瀬野・新井田の両地区で行われている春マイリ、つまり本村やその周辺に祀られている神仏を順拝して廻る習俗が考えられる。

ただし、小沢にはかつて恐山への春マイリが行われていたと思われる文書があり、明治三十六年旧暦七月の「誓約書」第五章「休業に関する規定」には、「休業と称スルハ当地区内祭日（一日、十五日八幡様、二十四日恐山）、総休及農事休三種トス」とある。もっとも、この規定は、必ずしも恐山参りを意味するというものでもなく、今日の伝承と対比してみると、ムラ単位で主としてバサマ達がテラに集まって行う地蔵祭祀に相当するものとも考えられるが、「自立厚生誓言項目」には「春恐山行ハ二人トシ一戸平均拾銭ヅツ経費トシ徴収シ、其ノ他ハ白米三升トスルコト」（傍点筆者）と恐山に対する春マイリの習俗が記載されている。(2) こうしてみると、脇野沢村においてもかつては恐山への春マイリが行われていたといえよう。そしてその形態は、二人ずつが代表として参詣する代参講的なものであったとみることができる。

しかしながら、前述のごとく、今日では恐山への春マイリは行われていない。脇野沢村における恐山マイリは、恐山の夏の大祭に参詣することが中心となっており、春秋の大祭に行くとしても、それは恐山の山麓部でみられる春マイリ、秋マイリとは性格を異にするもので、夏マイリの延長上にある。そして、死後魂がオヤマに行くという伝承や歯骨を恐山に納めに行くとする習俗からして、死者供養・先祖供養のための恐山マイリとみることができ、個人的な登拝に終始しているといえよう。

## 仏ヶ浦と寄波のオシャリ浜

このほか、恐山信仰全体からみると、牛滝と福浦の間にある仏ヶ浦や、寄波のオシャリ（御舎利）浜と呼ばれる海岸も重要な位置を占めている。

仏ヶ浦は、海岸に仏像によく似た奇岩がそびえ立ち、極楽浜、賽の河原が展開している。またここには地蔵堂が祀られ、恐山の奥院とみなされている。この地蔵堂の祭りも七月二十四日で、佐井村牛滝を中心として祭りが執行されている。けれども脇野沢村においては仏ヶ浦に対する信仰があまり強いとはいえない。九艘泊では、約三〇年ほど前まで仏ヶ浦

仏ヶ浦

近くの漁場を佐井村から借りていた関係で、仏ヶ浦の地蔵様の祭りには船に乗って参詣に行ったものだというが、その後漁場が借りることができなくなってからは参詣しなくなったと伝え、今日ではほとんど参詣することがない。

一方、寄波のオシャリ浜も、恐山参りに来た人が寄る場所とされ、恐山参りに来た人はオシャリ浜の子持ち石を拾わないと、恐山に参詣したことにはならないと伝えている。子持ち石とは、黒石のなかに白石が点々と付いているもので海岸に打ち上げられ、乾くと石の柔かい部分が乾燥し、白い石がこぼれ落ちることがあり、そこから子持ち石という名称で呼ばれるようになったという。この子持ち石に関して、恐山参り以外の伝承でも、子供のほしい人がその石を拾って着物の懐に入れて持っていたり、水やお湯の中に入れ、その水・湯を飲むと子供が授かるとも、あるいは財布に入れておくとお金がたまるとも伝えている。けれども、現在では海岸に堤防が築かれているため、容易に子持ち石を拾うことができなくなっている。

この子持ち石に対する信仰について、本村、新井田などでは、かつて浜の近くにテラ（堂）があった頃は、恐山参りに行って帰ってくると、家に寄らず寄波のオシャリ浜に行って子持ち石を拾った後に帰宅したものであったと伝えている(3)。しかしながら地元の寄波や隣りの蛸田ではむしろ他地域からくる恐山マイリの人々が行う習俗とみなしていることが一般的である。

寄波での伝承によると、浜をオシャリバマと呼び、そこにはメノウ系の石が産出すると同時に、「子持ち石」があり、その子持ち石は恐山をかけた旅人が拾いに来たものだと伝える。ムラの子供達は白装束姿のものが子持ち石を拾いにくると、それを手伝ってやったものであったといい、旅人はムラの大きな家やテラ（堂）に泊まって帰るものも少なくはなかった。そうした旅人のなかで、かつては大阪の役者で、死ぬまでテラに生活した「桐《きり》苗《ね》爺ちゃ」(4)という老人が、大阪へ行く時は子持ち石を拾って行き、その功徳を宣伝したと伝えている。同じように蛸田でもアマサマ（巡礼者）などが恐山に参詣した後、オシャリ浜に参詣し、子持ち石を拾って帰ることが多かったと伝えている。しかしながら、寄波や蛸田の人々が恐山マイリに行った帰りに子持ち石を必ず拾ったものであるとする伝承は伝えていない。

こうしてみると、仏ヶ浦や寄波のオシャリ浜に対する信仰は、恐山信仰全体のなかではかなり重要な位置を占めていると思われるが、脇野沢村においては、恐山に対する信仰ほどには重きがおかれてはいなかったといえるのではなかろうか。

## 儀礼にみられる人々の生死観

前述したごとく、脇野沢にみる恐山マイリは、人々が死亡した後その魂が恐山に行くとする考え方を基底として、死者供養・先祖供養を目的として続けられてきたといえよう。死後その魂が山に行き、そこに留まるとする観念は、日本の山岳信仰全般からみても、原初的形態の一つである。しかし、魂がおもむく山は、元来必ずしも特定の山岳に集中していたのではなく、東北地方各地に点在する羽山（葉山・端山）に代表されるごとく、身近な山が魂の行く山とされていたのであり、それが仏教の影響や山岳修行者・密教徒の関与などによって、ある特定の山岳に集中してきたのである。

恐山の場合も、鼻をつく硫黄の臭いや殺伐とした景観それ自体が、魂のおもむくあの世（他界）と観念させるに十分な条件を備えているものの、慈覚大師を開山とする縁起を成立させた山岳修行者達、また恐山を支配する円通寺などの布教者側の力などもあって、今日みる恐山信仰が形成され、下北半島一円から死後、魂の行く場所として不動の地位を獲得したものといえる。

しかしながら、魂の問題は、恐山信仰に限られたものではない。なかでも産育・葬送両儀礼では欠くことのできない問題であり、年中行事や他の信仰習俗についても無視できない事柄である。それゆえ、ここでは脇野沢村における人の一生（特に産育・葬送儀礼）と年中行事に限定しながらも、改めて魂のゆくえに関する習俗を整理し、脇野沢の人々が伝えてきた生死観やあの世（他界）について述べることにする。(5)

**葬送儀礼**　あの世（他界）の観念や魂のゆくえなどに関して、最も端的に表現しているのは葬送儀礼であり、儀礼の中核に位置すると称しても過言ではない。以下魂、あの世に関した事柄を列挙する。

① 死が近づくと魂が身体から遊離しやすく、近親者の夢にあらわれたり、足音がする、火の玉が飛ぶなど、数々の怪奇現象がある。こうした現象は、この世からあの世へ行くための「いとまごい」であると説明されている。

② 産婦が難産で意識不明の状態になると、屋根の上に登って産婦の名前を呼ぶ。

③ 死ぬことを「お山（恐山）へ行く」とか、ノボルと表現している。
④ 四十九日間は、死者の魂が軒下にいると伝える。
⑤ 三年過ぎなければホトケ様が座る所に行かないというので、イタコの口寄せも三年過ぎてからする。
⑥ 五十年忌を過ぎるとホトケサマがカミサマになるとかマソゲ（生まれかわる）子などという。
⑦ 五十年忌を過ぎる頃に生まれた子供は、誰々の生まれかわりではないかという。
⑧ 葬送儀礼に使うソワ（高膳）には、帆掛け舟の絵を描いた半紙を貼る。
死者の衣の後襟に小さな着物を縫いつける。それをイナババ・エナババの着物と呼ぶ。
⑨ 出棺すると箒で部屋をはき、魔除けのために部屋の四隅にアトフダを貼る。
⑩ 草鞋の縫い目をとって棺に入れる例や、出棺の時に海に投げる例などがある。
⑪ 四十九日間囲炉裏の鍵に下げておいた三角袋は、肩越しに海に投げ入れる。
⑫ 歯骨を三年（一年以降とも）してから恐山へ納める。
⑬ 一歳未満で死んだ子供は土葬にし、三歳以下は身内だけの葬式を出す。そして鰮《いわし》の焼き干しなどを入れるが、それは丈夫に生まれかわってくるようにという意味であ

ると伝える。

以上、葬送儀礼における死者の魂に関する伝承・儀礼を列挙した。このうち①〜⑥は死者の魂に関する伝承であり、⑦〜⑫はあの世（他界）をうかがわせる行為について述べたものである。こうした伝承や行為からみると、死によって魂が身体から遊離し、その魂がオヤマ（恐山）へ行くものと観念されている。つまり恐山を現実の世界におけるあの世（他界）と観念しているのであり、こうした観念は、ここに列挙した伝承のほかにも、死んだと思っていた人が生きかえる蘇生譚や、葬送儀礼の各種の行為のなかに認めることができる。恐山へは棺に入れたりする草鞋などからすれば徒歩で行くと考えられているとみることも出来るが、膳に貼る帆掛け船の絵は、魂が船に乗って恐山におもむくことを象徴したものとみることができるのではなかろうか。さらに恐山に想定されたあの世（他界）は、地獄と極楽とに分けられており、地獄あるいは地獄と極楽との境界に鬼やイ（エ）ナババがいて、極楽におもむく死者を妨害するものと観念され、鬼やイ（エ）ナババは恐ろしい存在とみなされている。

死者の魂が恐山へ行く時期は、蘇生譚などをみると、死後すぐにも行くように思えるが、他の伝承や儀礼からすると、一定期間はこの世（現世）に留まり、漸次あの世（他界）に移行するものとされている。つまり④〜⑥の伝承によると、四十九日間は家の周囲におり、三年を経過するとあの世（他界）に移行して魂は比較的安定した状態を保ち、五十年を経過すると死者の魂としての個性を失い、カミ（神）となって最も安定した状態になるか、再びこの世（現世）に生まれかわるものとされている。

一般に、日本の各地の葬送儀礼を比較してみると、個性豊かな死霊が子孫によって供養を重ねられるにしたがい、次第にその個性を喪失し、ついには清まった祖霊として祀られ、子孫を守護する存在になると考えられている。脇野沢村の伝承も、こうした考え方を示すもので、五十年の年忌が死霊と祖霊との境になる。また死霊が個性豊かな恐ろしい存在として観念されていることは、⑨のアトフダ、⑧〜⑩の死者との断絶を示す儀礼からうかがうことができる。この断絶を示す儀礼が海辺で行われることからすれば、海のかなたを他界とする観念もよみとることができよう。

しかし、⑤の三年を経過しないとホトケ様の座るところに行かないとする伝承や、⑥、⑬にみる生まれかわりの伝承は注目される。③の資料からみると、死後三年間は、死者の魂があの世にいるのではなく、この世（現世）とあの世（他界）との境界にあって、死者の魂が不安定な状態におかれていると考えることができよう。この点は、⑫の歯骨を恐山に納める時期と⑬の生後三歳以下の葬式を大人の葬式と異にするという伝承と対応しており、魂が不安定な状態にいることを示している。一方、生まれかわりの観念は、次に述べる産育儀礼にも関係するが、魂がこの世（現世）とあの世（他界）とを循環するという観念を示しているといえるのではなかろうか。

**産育儀礼**　産育儀礼に関しては、葬送習俗にみられるほど明確には伝えられていない。けれども産育儀礼のなかにも若干ではあるが、あの世（他界）を想定させる伝承が含まれており、以下に、それを列挙する。

① 子供が生まれるのは満潮時であり、干潮時には死人が出る。干潮時に生まれた子供は育たない。

② 寄波のオシャリ浜から拾ってきた「子持ち石」を茶碗の中に入れ、お湯をさして飲めば産が軽くなる。子供のほしい人は「子持ち石」を拾って着物の懐に入れておくか、茶碗の中に入れて飲めば子供が授かる。そのほか腹帯の中に入れておくとイ（エ）ナバライになり安産すると伝えている。

③ ビッキ（蛙）は産の神様だからいじめてはならない。

④ 子供は二十一日たたないと橋を渡れない。

⑤ 山の神は女の神様で、トンネルを掘って貫通した時の石は安産のお守りとなる。

⑥ 子供をあやすときに「泣けば山からモコ（恐ろしい妖怪）来る。泣かねば海からジ

ヨジョ来る」といってあやす。

以上の伝承は、直接誕生する魂に関して述べられたものではないけれども、あの世（他界）を想定させる。⑤・⑥では山中を他界とする観念が認められるものの、⑤の伝承はトンネル貫通と安産とが連想によって結びつけられたもので、必ずしもあの世の観念を示したものとはいえないかもしれない。しかしながら、全体的に海や川をあの世（他界）とする観念が支配的で、葬送儀礼が恐山を他界としていることと好対照を示している。なかでも潮の満ちひきによって人の生死が左右されるとする観念は、脇野沢村の全域で強く意識されており、長い経験にもとづく伝承といえよう。

また、子持ち石の伝承は、海のかなたを他界とする観念を最もよく表わしたものと思われ、子持ち石は子供の魂が宿っている依り代と考えることも不可能ではない。③の蛙を産の神様とする伝承は、全国的にみても興味深い資料であるが、蛙が水陸どちらにも棲める両棲類であることからすれば、「川」のかなた（山・海に通じる）をあの世（他界）とする観念を示したものといえよう。同じように④の二十一日間橋を渡るものではないとする伝承も、川のかなたをあの世とし、子供の身体に宿った魂が不安定のため、あの世に引き戻されてしまう。そのために禁止されたものとみることができる。

いずれにしても、脇野沢村の産育儀礼においては、山よりも川・海をあの世（他界）とする観念が卓越しているといえる。さらに産育儀礼では興味深い伝承がある。それは、「子のお尻にある蒙古斑はイ（エ）ナババにつねられた痕である。イ（エ）ナババはこの世にはいない人で、イ（エ）ナババのいる世界に戻ってくるなという意味でお尻をつねる」という伝承がある。また「蒙古斑がないと、その子供の寿命が短い」ともいう。こうしたイ（エ）ナババは、前述のごとく葬送儀礼にも登場しており、そこでは恐ろしい存在であったが、産育儀礼では子供の魂をこの世に送り出す存在と観念されている。

妊娠から出産までの期間、つまり母体に子供が宿っている期間は、この世（現世）とあの世（他界）との境界とみなすことができる。そのことは、エナ（胞衣）が母体にあっては子供を保護、成長させる存在であるにもかかわらず、出産に際しては危険な存在とみなされ、エナゴロシという習俗が行われることでも理解できよう。こうした点から、イ（エ）ナババはこの世とあの世との境界にあって、産育儀礼では子供の魂をこの世に送り出す存在であり、葬送儀礼では死者の魂をあの世に送る存在とみることができるのではなかろうか。

**年中行事**　産育儀礼以上に年中行事においては、あの世（他界）や魂のゆくえに関する伝承が把えにくい。しかし盆行事や彼岸に代表されるごとく、先祖を迎え祀る行事が行われており、年中行事のなかにもあの世（他界）を想定させる習俗がみられる。そこで葬送、産育両儀礼と同じようにあの世に関係した儀礼を列挙してみる。

① 正月にミタマメシを供え、正月にホトケマイリに集落の各戸をまわる。また正月十六日は「地獄の釜があく日」という。

② 正月の門松は山から迎え、正月の終わりに正月飾りを海に流す。

③ 春秋の彼岸のイリ・中日・アキ（オクリ）に先祖を祀る。

④ 花見の時子供達が山からツツジなどの花をとってきて仏壇に供えることもある。

⑤ 四月にノウガミ様を迎え、秋にはノウガミ様を送る。ヤマザイでは空白をたたいてノウガミ様を迎える。

⑥ 盆に先祖を迎えて祀る。キュウリで作った馬に乗ってホトケ様が来るといわれ、盆の終わりに供えものをタナナガシ（棚流し）と称して海に流す。また小沢では海で燈籠流しが行われる。

以上の伝承において、正月に迎える神として先祖が強く意識されている点は注目されることで、仮説として提出されている盆と正月とは年二度の魂祭りであったとする見解に近い習俗が認められる。このうち正月に飾る門松を神の依り代と考え、山から迎え海に流す習俗に注目すると、山から神を迎え海のかなたに送るという考え方をうかがうことが出来る。盆行事においても、かつてホゲイダナ（ホカイ棚）の四隅に下げた草花を依り代とみるならば先祖の霊を山から迎え海に送るとする考え方が指摘でき、同じように彼岸行事に供えられる「彼岸花」から先祖を山から迎える観念を指摘することができよう。しかしながら、盆行事、正月行事をはじめ年中行事全体においては、先祖を海に送るという観念が明確であるのに比して、どこから迎えるかという点は明確さに欠ける傾向がある。こうした点から年中行事全体に認められるあの世（他界）は、山と海との両方であるが、神や先祖を山から迎え海に送ることが優越しているといえるのではなかろうか。

## この世・あの世・境界

これまで葬送儀礼・産育儀礼・年中行事を通じて、魂のゆくえ、あの世（他界）などについて検討してきたが、それらは以下のごとくにまとめることができよう。

葬送儀礼においては、死後の魂が恐山へ行くとする考え方が支配的であるが、海のかなたを他界とする観念も認められる。一方、産育儀礼においては、山よりもむしろ海をあの世（他界）とする観念が卓越しており、葬送・産育両儀礼にみられる観念は好対照を示している。また年中行事では山から先祖を迎え海に送るとする観念が指摘でき、葬送・産育・年中行事では、少しずつあの世（他界）に対する見方、力点のおかれ方が異なっており、興味深い。このうち恐山を他界とする観念は、脇野沢村の場合必ずしも本来的なものとは思われず、むしろ恐山信仰の普及によって支配的な観念となったものと思われる。

しかしながら、海と山とを等しくあの世（他界）とする観念は、いずれの儀礼についても認められる点で、両者の一致を説く習俗は恐山信仰のなかに端的に認めることができる。つまり、恐山の極楽浜を大海にみたてて、海難事故で死亡した遺族は、ここで仏の供養をし、死体があがらないホトケに対しては小船に供物を乗せて湖に流すという。(6) このような山と海とを等しくあの世（他界）とする観念が基底となって、仏ヶ浦を恐山の奥の院とし、オシャリ浜の子持ち石を拾わないと恐山マイリをしたことにはならないというような、下北一円を舞台とする信仰習俗が成立したのではなかろうか。

　死によって身体から離れた魂は、一定期間この世（現世）にさまよい、供養が重ねられることによって次第にあの世（他界）に移行する。その時期はほぼ三年が区切りとなり、死後四十九日よりの三年間は、この世（現世）とあの世（他界）との境界と考えることができる。産育儀礼における境界は、子供が母の体内に宿っている期間とみなすことが出来、出産後の儀礼の繰り返しによって次第に身体と魂との一体化がはかられる。こうしたこの世とあの世との境界にはイ（エ）ナババがおり、出産に際しては、現世にいて魂をこの世に引き上げるテンニャクババ（素人の助産婦）と対応して魂を送りだす役目を果たし、死

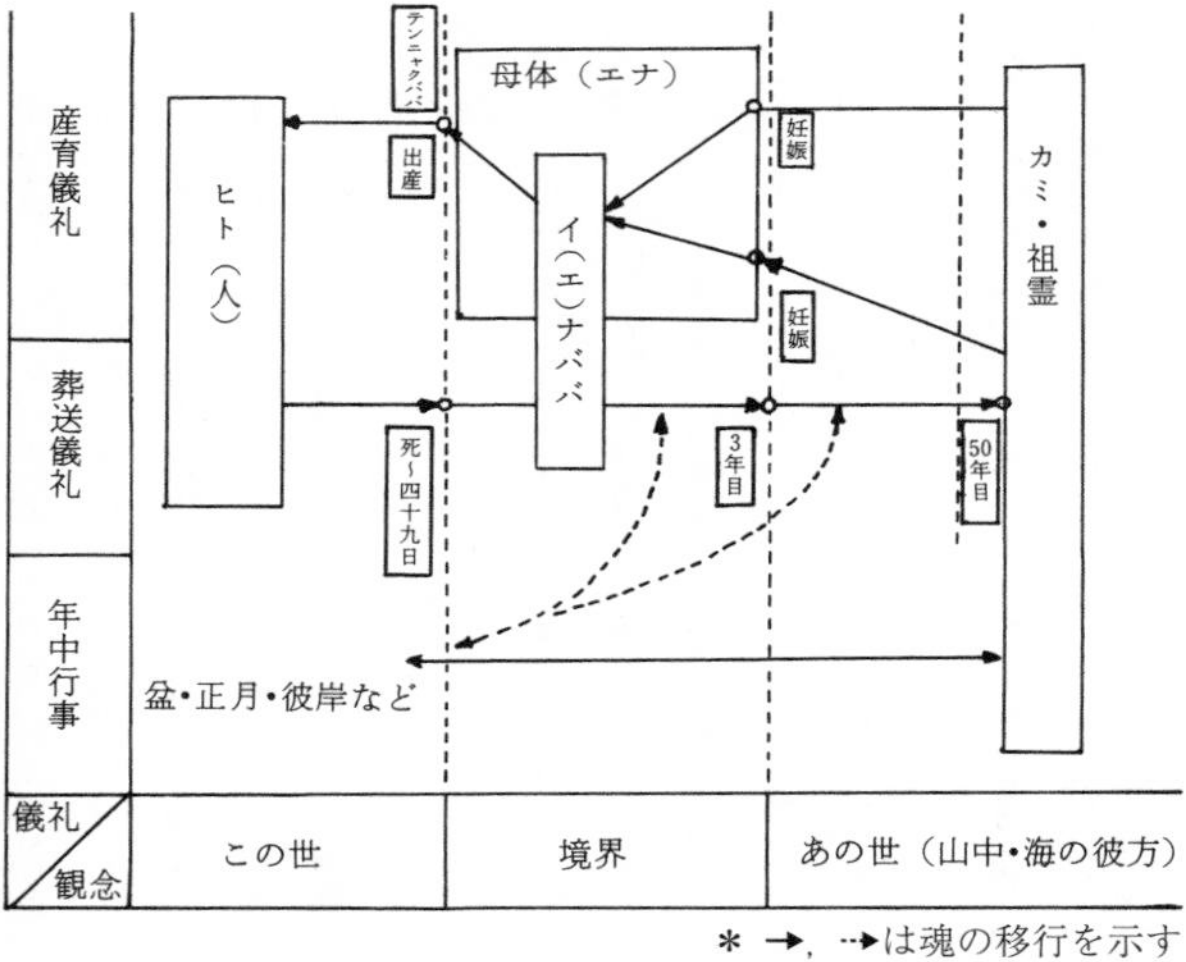


脇野沢村でみられる他界観

に際しては魂をあの世（他界）へ送る役目を担っていると考えられる。

いずれにしても、年中行事にみる盆や正月に先祖が毎年この世に訪れてくる習俗や、死後五十年を経て神となるか、新たなる赤子の身体に宿ってこの世に再生するというような魂が循環するとする考え方からみると、あの世（他界）とこの世（現世）とは、魂が往き来できない断絶された別世界とは観念されておらず、魂が自由に往来できる交通可能な連続した世界と観念されているといえよう。こうした脇野沢村に認められる他界観念を図にしたものが前頁の図である。

**注**

（1）高松敬吉「恐山信仰と地蔵講」『民俗学評論』一六号、一九七八年三月。

（2）竹内利美編『下北の村落社会』一九六八年、三四三頁、三六二頁、未来社。

（3）桜井徳太郎『日本のシャマニズム上』一九七四年、一四九頁～一九四頁。

（4）高松敬吉「下北地方の死霊観――「子持ち石」の伝承――」『日本民俗学』一三四号、一九八一年四月、五五頁～七二頁。

（5）生死観・他界観については、辻山涼子「生と死に関する考察――青森県下北半島における他界観を例として――」（筑波大学卒業論文）より多くの示唆を受けた。

（6）高松敬吉「下北の他界観と葬送儀礼」『日本宗教の複合的構造』一九七八年、二二三頁～六四頁。

# Ⅵ　ヤマ（山）とタケ（岳）の信仰から山岳信仰へ——おわりにかえて

## ヤマ（山）とタケ（岳）

山岳信仰の展開を語る場合、山の宗教者、修験者たちを抜きに考えることができないと同じように、ヤマ（山）の信仰を抜きにしては語ることができない。そこで本章においては、本書のまとめの意味を兼ねて、山岳信仰や山の宗教者、修験者たちを論ずる際の前提ともなるべきヤマとタケの信仰・習俗について述べることにする。

ところで、ヤマ（山）とタケ（岳）とは、ともに山岳を指す言葉である。けれどもタケよりもヤマの方が広い意味に用いられている。たとえば『広辞苑』によると、タケ（岳・嶽）はタカ（高）と同義語で高くて大きい山、高山とあるのに対して、ヤマ（山）は数多くの意味が挙げられており、平地よりも高く隆起した地塊、比叡山の称、山林（平地林を含む）、山陵などをはじめ、物事の多く積み重なっていること、堆く盛ったもの、山形に盛り上げたものを数える語、物事の絶頂、万一の幸を願ってすること等々、多様な意味内容をもち比喩的表現で使われることも少なくない。

こうしたヤマとタケという言葉の相違は、山岳信仰を捉える上でも考慮する必要があり、二つの言葉に含まれる意味内容からすれば、ヤマ（山）の信仰のなかの高山＝タケ（岳）の信仰＝山岳信仰とみるべきではなかろうか。そしてヤマ（山）はその高低にかかわりなく、草地が繁茂する「自然の空間」とみることができよう。確かにタケ（岳）が高山であるが故にヤマ（山）とは相違する独自の特性をもつと考えられるものの、全体としてヤマ（山）とタケ（岳）とが連続性をもつと考えるならば、ヤマ（山）の信仰は、タケ（岳）の信仰＝山岳信仰の基層部を構成するものと位置づけられるのではなかろうか。

## ヤマ（山）の信仰

人々がヤマ（山）に対して抱く観念は様々な儀礼を通して窺うことができるが、空間としてのヤマ（山）は、サト（里）・ウミ（海）と対比されるとともに、そうした空間に対する人々の関わり方から、ムラを農村・海村・山村と区別することも一般的である。しかし日本における漁村が漁業のみに依存する純漁村が少なく、その大半が半農半漁という性格をもっていると同じように、山村の場合も農業と林業などいわゆる山仕事と称される生業との両者に依存していることが多い。一方農村においても、ヤマ（山）は燃料としての薪炭、牛馬の飼料、刈敷《かりしき》や落葉などにみる肥料、屋根葺き用の茅、山菜などを採集する空間として重要なものであり、山村と農村とを明確に区別することは困難である。しかしながら両者の相違は、畢竟、ムラ人の生活に占めるヤマ空間の比重によって決められるべきものであろう。いずれにしても、理念的にみた生活空間としてのムラは、居住の一集落＝集落＝ムラ、耕作する田畑＝ノラ、利用する山林原野＝ヤマ（ハラ）という三つの領域に区分することができ、その三領域は同心円的構成をとるとされる（福田アジオ「村落領域論」『武蔵大人文学会雑誌』）。

こうしたヤマ（山）空間に対する観念や信仰は、ヤマゴ・ヤマサキ・ヤマダチ・ヤマダツなどと呼ばれる林業・鉱業・狩猟など、所謂ヤマ空間を仕事場としている人々を通して端的に知ることができよう。その一例として、ここでは奈良県の奥吉野、下北山村の様子をみることにする（林宏『吉野の民俗誌』）。

この地方では宅地・耕地を含めてサト（里）、それ以外をヤマ（山）と称し、男は山や川（筏師）で働くもの、女はノラ（田畑）や家で働くものとされてきた。しかしノラ（耕地）としての田畑は少なく、水田の最も多い集落でさえ、年間を通して自給できる家はほんの数軒で、一軒で必要な米の三カ月分・半年分しか賄えない家ばかりであった。そのため、稗や粟などの雑穀類・芋類が米の不足を補う主食とされてきたほか、ヤマで採集する栃の実やカシの実、山菜類などの利用も盛んであった。

生業の中心は林業におかれ、その作業はキリ（伐採）・ソマ（角材にする作業）・ダシ（筏の組場まで降ろす作業）の三つに大別されるが、交通の不便な頃はトマリヤマと称して山小屋に寝泊りして働くことが多かった。そしてヤマイリの際には、山小屋のなかにサカキ二本とケズリバナを供え御神酒をあげて山の神を祀り、キリジマイ・ドバイワイと称して作業が終わった時にも山の神を祀って酒宴を開くほか、山の神の祭日である正月と十一月の七日には山仕事に従事している人で講をつくり祀ったという。また山仕事においてはタブーが多く、山の神の祭日には山に入るものではない、山の神が祀ってある森を通り抜けてはいけない、山中においてサル（猿）・イタチ（鼬）・ウサギ（兎）と言うものではなく、それぞれエンコ・タチ・ミミなどという山言葉を使用しているほか、その形態などによって伐ってはならないとされる樹木も多い。さらに同じ奥吉野の十津川の例では、人に憑くダル（山で飢死した人の霊）・ゴウラ（河童）・ヤマジョウロウ（山女郎）・ヤマンバ（山姥）・一本ダタラ（一本足の子供）などの妖怪が山中に棲息していると考えられてきた。

下北山村にみるこうした習俗は、山村一般に共通するものが多く、そこでのヤマ空間は人々の生活を支える富の源泉、あるいは、幸をもたらす空間とみることができよう。同時にヤマ空間は山の神が支配する所であり、ヤマにある動植物・鉱物の一切は山の神に帰属するものと考えられてきた。そのため山の神の祭祀は欠くことのできないものであり、山村の習俗として広く認められる「山の神の木種蒔き」「山の神の木数え」など、山の神が木を数えたり種を蒔く日であるから祭り日に入山してはいけないという伝承や、熊・猪、羚羊などを射止めたときに山の神の授かりものとして心臓などを供える習俗が形成されたものであろう。さらに山の神が草木や樹木を育て恵みを与えるという考え方はヤマの世界に留まらず、山の神と田の神との交替、つまり春になると山の神が里に降りて田の神となって作物を守護し、秋の収穫が終った後に山に帰って山の神になるという信仰が示すごとく、サト（里）の世界にも拡大されている。

しかしその一方で、山仕事におけるタブーも多く、山の神は祟りやすい神であり、その神の意にそわないような行為、たとえば祀りを怠ったり不敬なことをすると、たちまちのうちに祟られ大怪我をするという伝承も多い。こうした伝承は、ヤマ（山）の世界が危険に満ちた空間であることを示しており、さらには天狗・山姥・山爺などの妖怪が棲息する空間という伝承でも明らかなように、魑魅魍魎の活躍する世界とみなされてきた。それ故にこそ、山仕事においては山の神の庇護を得てはじめて仕事の安全が保障されるのであり、そのためにも山の神祭祀は不可欠のものであったといえよう。

ヤマ空間が山の神をはじめ超自然的存在の支配する世界という点で、それらの超自然的存在のなかには当然のことながら死霊や祖霊も含まれている。墓をヤマと呼ぶ地方は広く分布しているが、九州の対馬ではかつて死者の遺族が野辺に喪屋をつくって一定期間住む風習があり、それをヤマアガリと称していたとか、墓掘り人夫のことを大和の東北部ではヤマシ、壱岐ではヤマンヒトと呼んでいる事例などは、ヤマ空間が死後の魂の棲処であることを示している（『葬送習俗語彙』）。また死者を埋める埋墓と先祖供養を行う詣墓とがある両墓制の場合、埋墓がヤマ空間に設けられていることが多いこともよく知られているところである。さらには盆行事で祀る先祖の霊をヤマから迎え送るという例も多く、先祖霊の依り代とみることができる盆花をヤマから採ってくる習俗もその一つである。また群馬県多野郡・甘楽郡などの村々では先祖の送迎行事として盆の十四・十六日にヒトボシ（火をあげ・百八燈とも）と称し、山頂あるいは山腹に麦藁を運び火を灯す行事が行われている。なかにはミチビキと称して途中途中に麦藁をおき、順次点火しながら下り、盆棚の提灯に火を灯すところもあるという（都丸十九一『日本の民俗・群馬』）。こうした習俗などは、先祖の霊をヤマから迎えるという観念を象徴的に表わしていよう。

いずれにしても、ムラやノラを取りまく自然の空間としてのヤマは、山の神・死霊や祖霊をはじめとする超自然的存在が支配する世界とみることができ、そうしたヤマの延長上にタケが考えられるとすれば、タケの信仰にも複雑な内容が含まれているといえよう。

## タケ（岳）の習俗と信仰

タケ（岳）がヤマ（山）のなかの「高さ」が強調されたものとすることに関しては、既に述べた盆行事における先祖霊の送迎習俗からも窺えることである。しかし盆に迎える精霊が全て高山から迎えられるというのではなく、川や橋、墓、広場や辻など、他界と観念されている、あるいは他界と此の世との境界と考えられている様々な場所から迎えられているのであり、高山から迎える習俗はそのなかの一つといえる。しかし高山から迎える習俗は、広い意味をもつヤマのなかで高さが意識され、山中他界・天上他界などの観念が加わって形成されたものといえる。

こうした意味では、雨乞い習俗のなかで山頂に登って大火を焚く習俗なども高さが強調されたものの一つであろう。雨乞習俗には、山上で大火を焚くタイプのほか、唄や踊りで神意を慰める型、水神の聖地を汚して神を恐らせる型、神社などに籠り降雨を祈る型、聖池から種水を貰ってくる型などに分類でき、そのうち山頂で火を焚く型が最も広く分布するとされている（『日本民俗事典』）。

この習俗は、センダタキ（千駄焚き）・センバタキ（千把焚き）・センゾクシバ（千束柴）など各種の名称で呼ばれているが、岡山県の山村ではセンガンダキ（千貫焚き）と称して、村人一人三束ずつの藁を山頂に運び、松葉を伐って大火を燃したといい、長野県上伊那郡でもかつては山頂で薪を積み上げ大火を焚いたという（『分類祭祀習俗語彙』）。こうした習俗は、合理的に考えれば山頂で大火を焚くことによって大気を変化させ、降雨を期待したものと思われるが、クモヤキ（雲焼き）・クモアブリなどと呼んでいる地方もあることからして、呪術的行為と理解しておく方が無難であろう。

しかしながら、漁民の間で、沖合いにあって舟の位置や漁場を知るために陸上に目標物を定めるヤマアテの習俗は、経験によって生みだされた知識であり、沖へ出れば出るほど高山であることが要求される。こうした習俗の好例として、亀山慶一氏が紹介する島根県浜田市浜田浦のヤマミアイ（山見合い）を挙げることができよう。

浜田浦の漁業は、延縄《はえなわ》漁・釣り漁が古くからの漁法の基幹となってきたが、船の位置や漁場を決定する山見合いの方法は重要なもので、別図のように詳細な山見合いの習俗が伝承されている。まず浜田浜沖合の網代の位置とそこまでの航行には、浜田の背後にある標

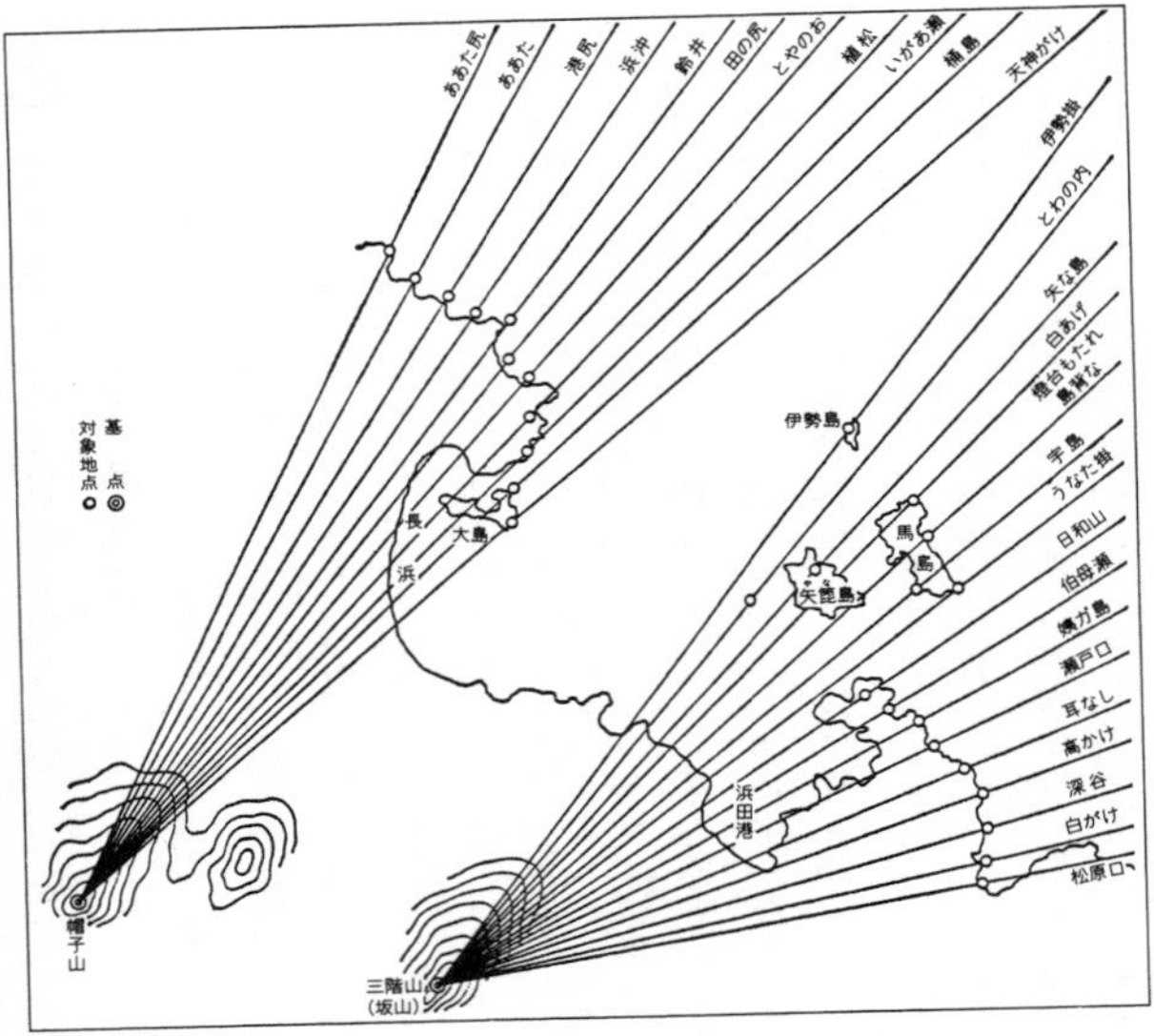


地山見合い図（亀山慶一著『漁民文化の民俗研究』弘文堂刊より）

高三七八メートルの三階山を基点とし、浜田以東の岬角の出入りを対象的として進み、馬島を離れて沖合に出ると東部の山をみて進むが、沖合三里の地点にある高島のあたりからは、高島を基点として西部の高山を目標にしてすすむという（『漁民文化の民俗研究』）。このように陸上にある二つ以上の目標物（多くは山や岬）を定めて自らの位置を知る方法は、漁民の間で広く行われていた。

　これと類似する習俗が農民の間でも伝えられている。そ

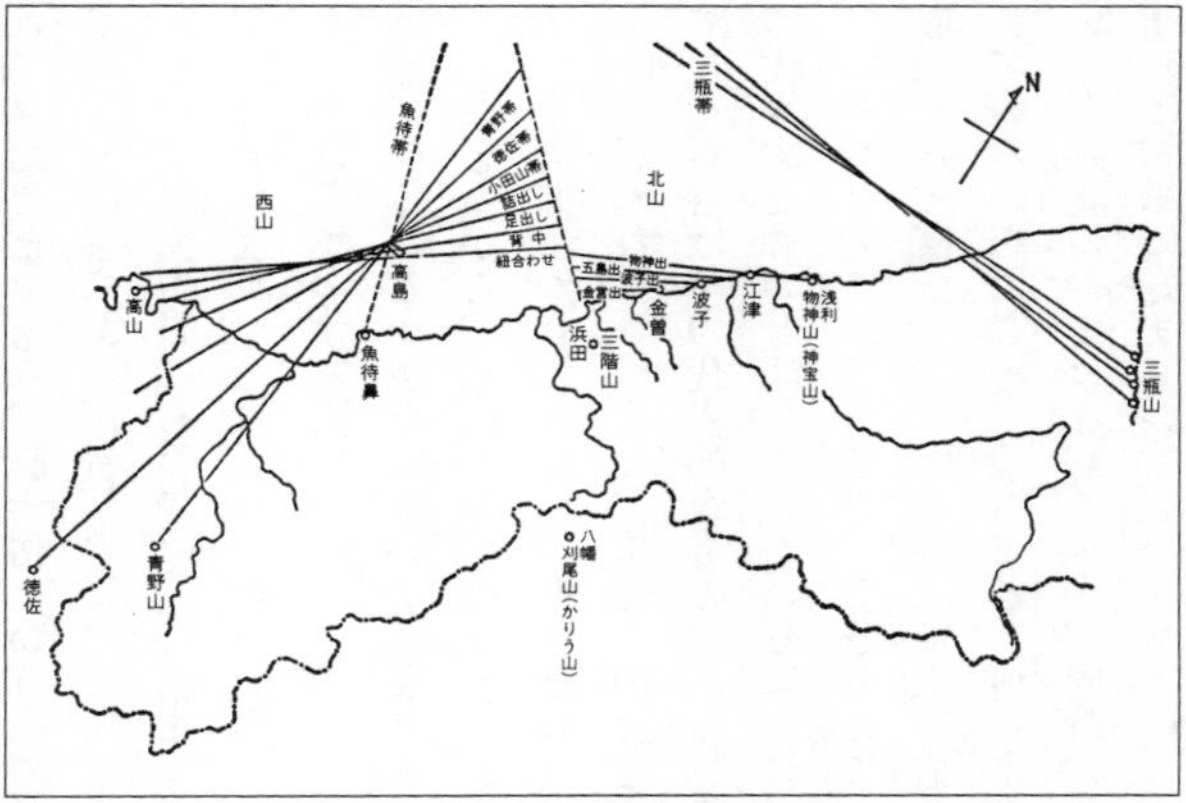


山見合い図（亀山慶一著『漁民文化の民俗研究』弘文堂刊より）

れは漁民のように沖合にあって位置を知るのではなく、高山の残雪の様子によって農作業の時期を知る習俗である。たとえば、木曾御嶽山の場合、その頂上からやや南側の小屋根の雪の残り具合が、小笠をいただいた老翁が頂上に向かって前かがみに立ち、腰の辺に大きな袋をさげた姿のようになる時がある。そうした残雪の様子が出現した頃を種蒔きの時期と捉えていたといい、また富士山の残雪が羽根をはばたいた鶏型になり、次第に卵型になって消えていくが、鶏型の残雪を「農鳥《のうどり》」と称して種蒔きの時期としていたほか、その消え方の順序が不規則に変化した場合は凶年とみなしたという。このように残雪の様子によって種蒔きの時期を知る習俗は、農民の間で広く行われてきたことであり、駒ヶ岳という山の名称がこうした習俗に由来することも広く知られているところである（岩科小一郎『山の民俗』）。

さらに農民の間にあっては、これまで指摘されてきたごとく、水田稲作農耕にとって必要不可欠な水源地としてのタケの信仰があり、先に述べた雨乞い習俗とも関連をもち、またタケに源を発する河川沿いにそのタケの神が祀られていたり、河川沿いにその信仰が展開していることが少なくないことなども、水源地としてのタケに基づく信仰といえよう。

しかしながら、高山としてのタケ（岳）は、農漁山民の生業と結びついた習俗、それに基づく信仰ばかりではない。タケそれ自体がもつ山容が人々に特別の神秘観を与えてきたように思われる。つまり、里近くの鉢を伏せたような孤峰を神奈備山と称して神体山としてきた習俗はその代表的なものである。また日本人にとっては駿河の富士山が秀麗なタケの代表的なものと観念されているように、裾野の長いコニーデ型の山容を誇る山々が好ましいタケと考えられてきた。こうしたことは、岩木山を津軽富士、榛名山を上毛富士、三原山を八丈富士、三上山を近江富士、伯耆大山を伯耆富士、開聞岳を薩摩富士などと称されているのをはじめ、地方ごとに何々富士と呼ばれている山々が少なくない点に表われているといえるのではなかろうか。同時にそうした山々が火山系であることが多いことからすれば、単に好ましい秀麗なタケというだけではなく、むしろ火山の爆発が強烈な印象を与え、恐怖と畏怖の念を呼びおこし、複雑でかつ多様な信仰を生みだす素地を形づくっていたと称しても過言ではない。

## 二種類のタケ（岳）

タケはヤマの延長としての性格をもちながらも、草木が繁茂する自然の空間としてのヤマのなかで、高さが強調されたタケであることに基づいた習俗と、またタケのなかでも周囲の山々と相違してひときわ目立つタケがあることなどを指摘してきた。こうしたことから、ヤマに対する様々な信仰はタケの信仰に繋がり、さらに際立ったタケに集束してきたとみることができよう。そうしたヤマとタケの両者の信仰をみる上で、屋久島における山岳信仰は注目される。

屋久島には、島の中央に奥岳と称される二〇〇〇メートル近い三岳（宮之浦岳・粟生岳・永田岳）、石塚山などがあり、島の周辺部の海岸に面して集落が存在している。そして奥岳と集落との中間に前岳と称する一〇〇〇メートル級の山々が聳えているが、それらの前岳は「村の山」と観念され、村の共有林や共有地があり、かつては焼畑耕作が行われていたという。島の各集落では旧四月と旧八月の年二回、あるいは新暦九月の年一回、「奥岳詣り」「前岳詣り」の二つのグループに分かれて、タケマイリ（岳詣り）が行われてきた。

タケマイリは三日間にわたって行われ、第一日目には「奥岳詣り」のグループが海岸で禊を行った後に神社に籠り、二日目の早朝出発して八合目にキャンプし、三日目の朝登頂して御来光を拝んだ後に奥岳の花（春はシャクナゲ、秋はビャクダン）をもって下山するという。一方「前岳詣り」のグループは第三日目の朝海岸で禊をした後に登り、供物を供えて下山するが、ほぼ耕作地と森林との境にあるサカムカエの場所で、奥岳・前岳の両グループと、彼等を迎えに出た村人たちとが共同飲食をして行事を終える。タケマイリがなされる奥岳・前岳のうち、奥岳の神は島全体の繁栄と人々の無病息災を祈願する神であり、「島立ての神」「先祖神」として神々の統合神とされているのに対し、前岳の神は奥岳の分神で、山の神と混同されることも多く生業神的性格をもち、林業の神とされるほかトビウオの大漁祈願のために前岳に対してタケマイリをする集落もあるという（石飛一吉「屋久島における山岳信仰圏の研究」『鹿児島地理学会紀要』二二—二）。

屋久島における奥岳と前岳という二つのタケに対する信仰形態、なかでも前岳に対する信仰形態は、ヤマの信仰と際立ったタケに対する信仰との中間に位置する形態とみることができよう。同じような信仰形態は、東北地方に広く分布する葉山や森の山信仰にも認められる。

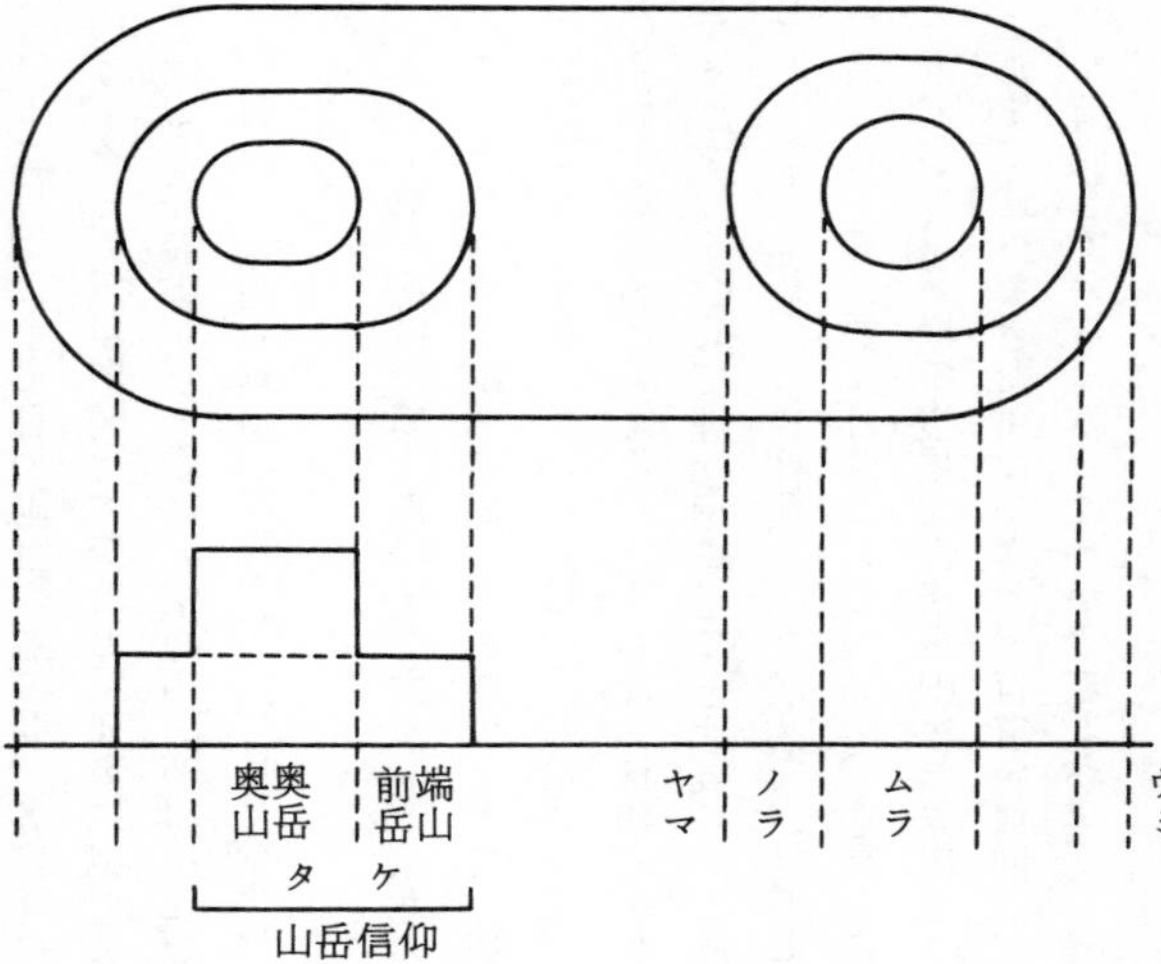


タケとヤマ・ムラの概念図

東北地方には、籠りに中心がおかれた行事やノリワラによる託宣などで知られているハヤマ（葉山・羽山・麓山など）が分布しており、作神を祀る山、祖霊の山として信仰されている。そうしたハヤマは里の近くにあって奥山に対する端山の意であると考えられている。たとえば福島県相馬地方では阿武隈山脈を中心として、その東西の山裾にそれぞれ六つのハヤマが点々と連っているといわれ、いずれも作神あるいは祖霊のとどまる山として信仰されている。また山形県鶴岡市清水の森の山は死者の魂が赴く山とされており、八月二十二日、二十三日の両日、盆の間、各家々に迎えた先祖の霊を送ってこの山に登るという。そして三年間続けて登ると、死者に似た人に会えるとか、死者の魂は子孫の供養を受けると森の山から一段高い金峰山・羽黒山に登り、さらに供養を重ねられることによって一層高い月山や鳥海山に登るものと考えられている（岩崎敏夫『本邦小祠の研究』『東北の山岳信仰』）。

ここで取りあげた屋久島のタケマイリ、東北のハヤマは、タケのなかでもその高低によって、また人々の生活空間との距離によって、奥山・奥岳と前岳・端山という二種類のタケがあることを示している。このうち前岳や端山はヤマに近い存在であり、ヤマと奥岳との中間的なものといえる。こうした二種類のタケと先に述べた生活空間としてのムラ・ノラ・ヤマとを合せて理念型を描くとすれば、上図（前頁）のごとくなるのではなかろうか。そしてタケ（岳）の信仰は、①人々がヤマに対して抱く山の神信仰や他界観念、②人々の生活にとって必要な目標としての高山、③高山自体がもつ山容や噴火などの自然的条件を背景として、多様で複雑な性格を内包し表出させているといえるのである。換言すれば、これまで述べてきたヤマやタケの習俗・信仰は、多様な様態を示している山岳信仰の基層部を構成しているとみることができよう。

## 山岳信仰の諸要素

山岳信仰は、自然としてのタケ（ヤマの延長上にあり、高山）に対して抱く人間の信仰や観念の総体と称することができる。同時に高山であるが故に、ヤマの信仰とは異なって広範な地域にわたって信仰圏を形成しているところに山岳信仰がもつ特色の一つをみることができる。宮田登氏によれば、山岳信仰は同心円的な圏を設定することができ、山麓周辺で一日以内で登拝することが可能な地域であるとともに、山容が視界内にあるという地理的条件のもとで、水分り・生産暦の機能・祖霊・山の神・田の神のこもる山といった要素をもつ第一次信仰圏、山容を望むことが不可能で登拝には途中で宿泊する必要がある地域であるが、山岳側の配札圏でもあり、代参講が成立している第二次信仰圏、地域が拡大され山岳との直接的なつながりの薄れた第三次信仰圏というように、山岳を中心とした同心円的信仰圏が描けるとされる（「岩木山信仰――その信仰圏をめぐって――」『津軽の民俗』）。

こうした山岳を中心とする信仰圏の形成は、少なくとも、二種類の人々の存在がその前提になる。つまりタケの側に立つ宗教的職能者と、それ以外の農漁山民を中心とする一般庶民とである。なかでもタケの側に立つ宗教的職能者の性格と活動内容とが個々の山岳信仰の性格や展開を決定する最も重要な要素といえよう。しかし宗教的職能者といっても、僧侶・神官・修験者・行者・巫女・聖等々、系譜や性格を異にする様々な宗教的職能者がいる。かつて今日的立場から山岳と結びついた信仰的要素をもとに、仏教の山・神社神道の山・修験の山・教派神道の山・民間信仰の山と五つに分けた池上広正氏の分類は、タケの側に立つ宗教的職能者の性格の相違による分類と言い換えることもできよう（「山岳信仰の諸形態」『人類科学』XII）。しかしながらこうした分類は、個々の山岳が多様な性格を含み、様々な宗教的職能者の拠り所となっていたことからしても、山々の歴史、山岳と結びついた宗教施設や宗教的職能者、一般庶民の信仰や行為などを勘案した類型化とその展開などについて一層検討する必要があるのではなかろうか。

ともあれ、タケの側に立つ宗教的職能者のなかでは、密教僧・修験者・行者・聖などの所謂山岳修行者たちの存在が、修行霊場・修行道場としての山岳のもつ新たな性格をつくりだした意味で最も重要であろう。彼等は山中の自然の樹木・岩石・洞窟などに宗教的文化的な意味を与えるとともに、宗教的施設を次々につくりだして山岳を中心とした一大曼荼羅をつくりあげ、さらには庶民信仰の中心の一つとして山岳を位置づけたといえる。岸本英夫氏が山岳と人々の宗教的行為・修行形態との関係から、山岳崇拝（まつり型）・山岳登拝（もうで型）・山岳練行（こもり型）という三つのタイプを設定しているが（『信仰と修行の心理』）、山岳練行は山岳修行者たちが表出させている形態であり、山岳登拝は山岳修行者たちに導かれて形成された形態といえる。

さらにタケの側に立つ宗教的職能者たちは、自らが祀るタケの神に解説を加えるとともに、金剛蔵王権現をはじめとして新たな崇拝対象をつくりだしたり、新たな神仏を導入させることによって個々の山岳がもつ信仰を一層複雑にさせる一方で、自らが体得した霊的能力・超自然的能力を駆使することによって、より広範な地域に信者を結成させてきたといえよう。

これまで、本書のまとめを兼ねて、山岳信仰の基層部を構成するヤマ（山）・タケ（岳）の信仰習俗を中心に述べてきた。ここで述べた信仰習俗は山岳信仰を論ずる前提ともいうべきものであり、山岳信仰は自然としてのタケ、山岳に依拠する宗教的職能者、信者としての一般庶民という三者の関係を中心として、そこに様々な要素が加わって展開しているといえよう。その意味では、私自身、山岳信仰の再検討に向けての入口に立ったばかりである。また主として本書の中心においた宗教的職能者の問題は、私がかつて発表した『里修験の研究』（吉川弘文館）の延長線上にあり、前書が里における修験の活躍に視点を据えたために、山岳との結びつきの検討が必ずしも十分ではなかった。そのため本書においては山と里の両者を射程内に入れて山岳に依拠する宗教的職能者の問題を論じようとしたつもりである。けれどもこうした宗教的職能者の問題は多様な内容をもつ山岳信仰の一側面であり、宗教的職能者に限っただけでも、本書では触れられていない様々な問題が数多く残されている。最後に本書刊行の機会を与えてくださった人文書院、およびまとめるに際してお世話をいただいた堀田珠子氏に厚く御礼を申し上げる。

# 付　山岳信仰アラカルト

山岳信仰は、一つの山岳を中心として信仰が広範な地域に分布し、また、原始以来の様々な信仰を取り込み蓄積させているため、多様な様相をみせている。それ故、一つ一つの山岳の信仰を紹介しようとするとき、記述内容が重複してくることが多い。しかしながら個性的部分だけを紹介することも困難である。というのは、山の個性が歴史や伝説、諸施設や多様な信仰内容の総体によって現われるからである。

ここに紹介する山岳の記述内容は、そうした点を勘案してそれぞれの山岳が示す二、三の特徴的な事柄に焦点をしぼり、全体を通してみたならば、山岳の歴史や伝説、あるいは山岳信仰に含まれる諸要素や複雑な内容をある程度理解できるように執筆したものである。ただし、もともとは事典のために執筆した原稿故に紙数の制限や関連事項との兼ね合いから割愛した部分もあること、また執筆した山岳の一部を取り出したものであるため、若干欠けている部分があることなどを、あらかじめお断りしておく。

## (1) 一般名称としての山岳

**御岳《みたけ》（嶽）**　高山を意味するタケ（岳）の尊称で、神のすむ聖なる山岳のことであり、オタケ、オンタケとも呼んでいる。こうした山岳は本来遠くから遥拝するものであったが、修行者の入山と指導あるいは影響を受けて山頂へ登拝するようになり、今日では各地の山々で精進潔斎の後に登山するタケマイリ（岳参り）が行われている。また高山一般を意味するほか、大和の金峰山《きんぷせん》をはじめ、そこにまつられている蔵王権現を勧請した山々を指してとくに御岳（嶽）山と呼ぶ場合がある。大和の金峰山が金御岳《かねのみたけ》と称され、平安時代には御岳詣《みたけもうで》、御岳精進《みたけそうじ》が盛んに行われていたが、山岳信仰における金峰山の地位が高まり確立するに及んで、修行者たちの手によって金峰山信仰は各地に伝えられた。それが大和金峰山に対する国御岳《くにみたけ》であり、木曾の御嶽山《おんたけ》、武州御岳山、甲州御岳山などはその代表的な存在である。一方、南島の御嶽《おたけ》（うたき）は山岳信仰として一定の高さが必要であるミタケのより原初的形態といえる。

**弥山《みせん》**　仏教の宇宙観にもとづく想像上の山岳である須弥山《しゅみせん》の略称であり、仏教では須弥山は宇宙の中心にそびえる高山とされるが、この仏教的宇宙観にもとづいて命名された大峰山《おおみねさん》の弥山、厳島《いつくしま》の弥山などがよく知られている。なかでも厳島の弥山は、今日では厳島神社の信仰に圧倒されてその影が薄くなっているが、本来は神の島とされた厳島の中心的な存在であった。また新潟県と長野県の境にある妙高山《みょうこうさん》も、古くは名香山と呼ばれていたものが、須弥山の影響によって妙高山と呼ばれるようになったという。山岳を世界の中心とする考え方はキリスト教のゴルゴタの丘、イスラムのカーフ山などにもうかがうことができる。

## (2)　氏神の山

**岩木山（青森県）**　岩木山は津軽の総氏神的な存在であり、修験道の山、ゴミソと呼ばれる巫者の行場のほか、山荘太夫伝説にちなむ山としても知られている。一方では農耕と深いかかわりをもち、岩木山の残雪の模様によって農作業をすすめたり、豊凶を占う。こうした農耕神的性格は、また有名なヤマカゲと呼ぶ登拝習俗においても認められ、山中の種蒔苗代という小池に米や銭を紙に包んで投げ入れ、その沈みぐあいによって豊凶を占ったという。ヤマカゲと呼ぶ登拝習俗は津軽全域にわたって分布し、初参りの習俗とも結びついている。一般に登拝の一週間前から村々の産土《うぶすな》神社にこもり、水垢離《みずごり》をとって別火精進をした後、各自が御幣をもち、笛、太鼓などではやしながら登拝する。「ヤマカゲに行かぬ男は一人前ではない」といわれるように、この習俗には成人儀礼としての性格が顕著に認められる。また登拝習俗には、一般の氏子入りに相当するような幼少期の初参りもみられる。

**大平山（秋田県）**　『秋田郡村々神社調』には、山頂に薬師堂がまつられ修験の宝泉院が別当の任に当たっていたとあり、伝説では秋田郡大平元正寺の薬師が山頂に飛来したと伝える。現在山頂にまつられている大平山三吉神社は、その名が示すように、大平山の山神と三吉霊神とが合わせまつられたものである。三吉は山鬼の変化したもので、修行によって神通力を得た山人をまつったものともいい、あるいは「みよし」とも呼ぶのは大和吉野山を模倣した三吉野の意であるともいわれている。いずれにしても、江戸時代後期から明治期にかけて流行神的様相を呈して信仰が広まっており、秋田市、大曲市、河辺郡、仙北郡などを中心に多数勧請されている。しかしその範囲からして、本来は山麓部の氏神的性格をもった神であったといえる。

### (3)　農業の山

**筑波山（茨城県）**　筑波山は「西の富士、東の筑波」と並び称される秀麗な山容で知られ、山頂の二つの峰には筑波男大神（伊弉諾尊）、筑波女大神（伊弉冉尊）の男女二神がまつられ、中腹にその二神をまつる筑波山神社がある。筑波山信仰の特色は農業神としての信仰が中核を占めてきたこと、筑波山信仰が広い地域に普及しているにもかかわらず、御師集落も形成されず独自の信仰圏をほとんどもたないこと、山岳の多くが時代をさかのぼるにつれて登拝者が修行者に限られてくるのに対して、筑波山の場合には『万葉集』にみる歌垣や『常陸国風土記』の神祖《みおや》伝承のように、古代から人々が盛んに登拝した山であったことなどである。農業の守護神としての性格は、全国的に分布する田の神・山の神の交替する信仰の代表例でもある、御座替《おざかわり》神事、山麓部の村々で豊作と一年の安全を祈って行われる大当《だいどう》講の行事に端的に表われている。筑波山神社の南西の一画に坂東三十三所観音霊場第二五番札の大御《おおみ》堂《どう》がある。

**伯耆大山（鳥取県）**　大山は、『出雲国風土記』意宇《おう》郡の条に「火神岳」とあり、国引神話では「杭《かし》」に擬された。平安時代には南光院、西明院、中明院の三集団からなる大山寺が成立し、以降大山信仰の中核に位置してきた。大山信仰史のなかでは農耕の守護神としての信仰と地蔵信仰が卓越していること、中世以降、地蔵菩薩およびその垂迹《すいじゃく》である智明菩薩（大智明神、大智明権現、地蔵智明権現ともいう）のミサキ神・眷属神としての下山明神が、狐神信仰・御霊信仰と習合しながら、大山信仰の普及に大きな役割を果たしてきた点が特筆される。農耕神とする信仰では、とりわけ牛馬の守護神としての信仰があつく、元禄～享保（一六八八―一七三六）ころに「大山博労座」と称される牛馬市が成立するのも、この信仰を背景にしている。以来、旧暦四月二十四、二十五日の祭りには、「奥参り」と称して中国一円から多数の参詣者が訪れていた。また中国地方に分布し、牛馬の供養と作物の豊穣を祈願する「大山供養田植」と称する大田植の習俗も、田の神を迎える神事に大山信仰が加わって特異な展開を遂げたものである。なお岡山県一帯では、大山は死霊のおもむく山としても信仰されている。

### (4) ヤマアテと漁業の山

**開聞岳（鹿児島県）**　古くは枚聞《ひらきき》岳と称し、薩摩半島の南端に位置するため古来より海上を航行する船舶の目標とされてきた。その北麓にまつられる開聞神社（枚聞神社）は八六〇年（貞観二）に従四位下に叙され、八七四年、八八五年（仁和一）の開聞岳の大爆発も記されている。開聞神社の祭神に関しては諸説あるが、『三国名勝図会』に和多津美神あるいは豊玉彦命、塩土老翁《しおつちのおじ》、豊玉姫をまつり、本宮中尊女体は豊玉彦妻神をまつると伝えているように、開聞岳は海の神をまつる山として信仰されてきた。南島琉球から帰る者が船中で開聞岳を見た時は必ず酒を飲み開聞神をまつったと同書にあるほか、漁師が初めて漁に出た時に開聞岳の沖合にくるとサンコンメシといって、しゃもじとしゃくしを持って船の中をまわる儀礼を行った地域もある。また開聞神社の社殿をまわって豊漁を祈る所もあった。

**金華山（宮城県）**　金華山沖合は日本有数の漁場として、また金華山周辺は奥の海と呼ばれる航海の難所として知られ、金華山は古来漁業や航海に際して目標とされてきた。このため金華山は漁業・航海の守護神とされ、出漁には必ず金華山に参詣してから出航したと伝え、沖合でも日没時には金華山に向かって水をまき灯明を上げるならわしであったという。金華山の中腹には黄金山神社、山頂には大海祇《おおおおみつみ》神社が鎮座しているが、近世期にはそれぞれ真言宗大金寺、竜蔵権現と呼ばれ、弁財天をまつる山として信仰を集めてきた。金華山信仰は修験者の布教などによって沿岸部はもちろんのこと、農村部にも広く浸透し、東北地方一帯に金華山講が分布している。その信仰には金運の神、福神としての性格も強く、その要因として弁財天をまつること以外に、その立地条件によって東方海上の理想郷と観念されたり、古代陸奥国の黄金産出と結びついて黄金の島と観念されてきたことなどが考えられる。

## (5) 火山

**阿蘇山（熊本県）**　阿蘇山の名称は火を吹く山を意味するアソオマイに由来するともいわれ、またその噴火口が御池《みいけ》（神霊池）と呼ばれているように、阿蘇山信仰の中核は噴火口にあった。御池の神である健磐竜《たけいわたつ》命を主祭神とする阿蘇神社には三月に火振神事があり、また末社の霜神社では火焚の神事が八月十九日から十月十六日までの約六〇日間行われるなど、火の山にふさわしい行事を伝えている。阿蘇山には阿蘇神社が一の宮におかれたほか、山上古坊中《ふるぼうちゅう》には西巌殿寺を中心として三七坊の寺院群が存在し、大宮司職で古代国造の系譜を負う阿蘇氏の保護と規制のもとに一山が運営されてきた。しかし、天正年間（一五七三―九二）に大友・島津両氏の確執により山上古坊中は離散し、改めて一六〇〇年（慶長五）加藤清正によって山麓部に再興された。これを麓坊中と呼ぶ。三七坊は祈禱僧の集団衆徒方と、阿蘇大峰修行を支配した行者方とに分かれ、その配下には山伏がおり、衆徒行者は坊舎に、山伏は庵にそれぞれ居住した。近世には一山は東叡山寛永寺の支配を受け、行者山伏は醍醐寺三宝院に属した。

**浅間山（長野・群馬県）**　天明年間の大噴火のあと、一八六九年（明治二）に再び浅間山の噴火活動が始まると、政府は北小路神祇大祐と神祇官とを軽井沢町追分の浅間神社に派遣して被害のないよう祈願させた。噴火が与える火山への畏敬と恐怖の念は各地の火山系山岳に認められるように山岳信仰の原初的形態の一つであり、〈あさま〉という名称も本来は活火山の一般名称であったと推定されている。この浅間山には古くから浅間大（明）神が信濃、上野双方の側にまつられ、近世には信州塩野の真楽寺（真言宗）、嬬恋村延命寺（天台宗）がそれぞれ別当寺をつとめていた。

## (6)　死霊と祖霊の山

**生駒山（大阪府）**　生駒山は、一六七八年（延宝六）朝日岳般若院で修行した湛海が宝山寺を建立し、そこにまつる大聖歓喜自在天が「聖天さん」と通称され、あつい信仰を集めていることで知られる。また生駒山は役行者伝説、『元亨釈書』の伝える生馬仙と呼ぶ優婆塞の存在、葛城修験の行場としても知られており、古くから修行の山でもあった。しかしそれ以上に生駒山の信仰史を特徴づけているのは、この山の山麓部が春日社のある東山と同様、古代の葬所とされ他界と観念されてきたことである。特に行基の墓所とされる輿山は多数の碑塔類が立ち並び、近郷の惣墓とされてきた。行基は生駒山に生駒仙房、草野仙房と呼ばれた草庵を結んで活動の拠点とし、七四九年（天平勝宝一）に入滅したのち火葬に付され、遺骨は生駒山の輿山往生院に埋葬され、行基開創と伝える竹林寺の奥院とされたという。その後、一二三五年（嘉禎一）竹林寺の中興開山寂滅により行基墓が発掘され、行基の遺骨崇拝が高まって竹林寺隆盛の契機となったと伝える。

**恐山**（**青森県**）　下北半島一円では恐山は死者の霊魂が集まる山とされ、屏風山、北国山、小尽山などの外輪山は蓮華八葉をかたどるものといわれ、宇曽利山湖畔には極楽浜が設定されている。これに対して硫黄の噴気孔などには血の池地獄、無間《むげん》地獄、重罪地獄をはじめとする各種地獄や賽の河原などが展開されている。円通寺（曹洞宗）の山寺と呼ばれる地蔵堂を中心とした恐山は、極楽・地獄の二相を呈しており、死霊・祖霊信仰を核とする他界観念に地獄信仰が習合して一大霊場を形成している。また恐山は、下北一円に分布し、比較的高齢者層の女性の集りであるババ講と通称される地蔵講とも密接な関係を有している。恐山の祭典は春、夏、秋の年三回でそれぞれ春参り、夏参り、秋参りと呼ばれ、とくに夏参りは死者供養に中心がおかれ、イタコの口寄せなども行われるところから多くの参詣者でにぎわう。これに対して春秋のお参りは死者供養というよりもむしろ豊作・豊漁祈願、家内安全などの現世利益的信仰がその中心を占めている。

### (7)　修行の山

**大峰山**（**奈良県・和歌山県**）　吉野から熊野に連なる大峰連峰は、中世以来修験道の根本道場とされてきた。平安朝以来多数の修業者が吉野、熊野に入山し修行を続けてきたが、御嶽詣、熊野詣に在俗者の参詣が多くなると修行者たちはさらに奥山に入り修行するようになった。修行者たちの集団化がすすみ修験道が形成され、その修行形態も山岳抖擻《とそう》に重点がおかれたものとなるにつれて大峰連峰各所に散在する行場に宿が設けられるなど相互に関連づけられていった。こうして熊野、吉野を結ぶ行場が成立し、近世以降はほぼ大峰七十五靡《なびき》(宿)として固定した。行場はおもに岩場、洞窟、滝、池などによって構成され、蔵王権現、不動明王、金剛童子、神変大菩薩をはじめとする多数の諸仏諸神や高祖開祖がまつられている。七五靡は熊野本宮(一番)、那智山(二番)、熊野新宮(三番)に始まり、玉置山(一〇番)、深仙の宿(三八番)、孔雀ヶ岳(四二番)の両部分け岩によって吉野側の金剛界と熊野側の胎蔵界に分けられ、八経ヶ岳(五一番)、弥山(五四番)、弥勒ヶ岳(六一番)、笙の岩屋(六二番)、小笹の宿(六六番)を経て山上ヶ岳(六七番)に至る。さらに愛染の宿(七〇番)、金精明神(七一番)、吉野蔵王堂(七三番)を経て柳の宿(七五番)をもって終わる。このうち山上ヶ岳には大峰山寺(山上本堂)や役行者が蔵王権現を出現させたとする涌山岩のほか表行場、裏行場など多数の行場がある。小笹の宿は聖宝が竜樹菩薩から秘伝を伝授されたといわれる場所で、当山派入峰修行の最大の拠点となっている。一方、本山派では深仙灌頂を行う深仙の宿が最も重要なものとされている。

**那智山(和歌山)**　熊野の地を根の国・常世国《とこよ》とみる信仰にもとづき、那智山には古くから多数の修行者が入山し、修験道が成立するに及んで、その拠点となった。熊野三山のなかでも特異な位置を占め、那智滝を中心として信仰が展開してきた点や、熊野那智大社にまつられる熊野夫須《ふす》美《み》大神が万物生成をつかさどる産霊の転化した神であり、その本地が千手観音とされたことから観音の補陀落浄土(補陀落山)とされてきた点が注目される。滝が重要な位置を占めてきたことは、四十八滝と称されるごとく多数の滝を有し、那智滝を神格化した飛滝《ひろう》権現をまつることや、那智山組織が東西の執行を頂点として衆徒、滝衆、行人などで構成されるなかで、滝衆が重要な地位を占めるとともに、東の執行を滝本執行と称してきたことでも知りうる。また浄蔵、応照、仲算に代表される那智千日修行は滝修行を中心とするものである。

一方、那智山を補陀落浄土とみなしたことから、那智山権現の供僧寺であった青岸渡寺が西国三十三所観音巡礼（西国三十三所）の第一番札所とされ、また那智の浜ノ宮から海上に船出して補陀落浄土に往生しようという補陀落渡海も行われ、補陀洛山寺の住僧をはじめ、渡海者が輩出した。

**出羽三山（山形県）**　羽黒山、月山、湯殿山が出羽三山に当てられたのは中世末から近世初頭にかけてのころであり、それ以前には羽黒山、月山に葉山を加えて三山とする場合や、葉山の代りに鳥海山を加える場合もあった。湯殿山を加えた出羽三山の成立は、三山の地理的関係、戦国時代以降六十里越街道の重要度が増し、湯殿山がその街道沿いにあったことのほか、修験者たちの解釈によるものである。羽黒修験（羽黒派）の解説では、羽黒山の本地を観世音菩薩、月山を阿弥陀如来、湯殿山を大日如来とし、羽黒山で現世安穏を祈り、後生極楽・浄土往生の修行を修め、月山で未来成仏の確証を得るとともに凡聖同居《ぼんじょうどうご》の関を超えて湯殿山の密厳浄土に至り、即身成仏の悟りを得ることができるとされ、湯殿山は総奥の院と位置づけられている。

三山の中で歴史上最も早い時期に登場するのは月山で、『延喜式』に名神大社としているように、古い時代において三山信仰の中心であった。しかし羽黒山も御手洗池《みたらし》（鏡池）から出土した銅鏡の大半が平安・鎌倉時代のものであることからして、中世初頭には修験の一大勢力が形成されていたと考えられる。一方、湯殿山は空海の開基伝承を伝え、独自の展開をみせている。寛永年間（一六二四―四四）羽黒修験が天台宗の東叡山寛永寺の支配を受け、湯殿山を支配下におさめようとしたために、湯殿山の真言系四カ寺と争いを起こしている。近世には湯殿山が最も重視されており、それは各地の出羽三山碑や、湯殿山の縁年に当たる丑年に参詣者が増大していることでも知りうる。

**石鎚山（愛媛県）**　石鎚山は修行者の山として古くから知られてきた。石鎚山信仰は各種の性格を内包しているが、大きな特色としては①『日本霊異記』『文徳実録』にでてくる寂仙（灼然）、上仙をはじめ、石仙、常仙、峰仙などの修行僧が修行した山として知られていたこと、②蔵王権現、熊野権現、三十六王子がまつられ、役行者や大峰修行をした芳元がこの山を開いたという伝承があるように、熊野および吉野大峰山信仰の影響が強いこと、③近世期、石鎚山別当前神寺の指導によって各地に先達を中心に登拝を目的とする石鎚講が結成され、習俗として定着していること、また第二次大戦後には石鎚神社指導の石鎚本教や前神寺指導の真言宗石鎚派をはじめ多くの教団が形成されたことなどがあげることができよう。石鎚講は江戸中期以降増加し、今日では四国、九州、中国地方に分布している。この講では先達を中心とし厳重な精進潔斎後に登拝し、坂迎《さかむか》えや女人禁制などが近年まで続けられてきたほか、山開きに伴い神体を上げ下げする「お上り」「お下り」の行事や独特の先達会符《えふ》など注目すべき習俗が伝えられている。

**求菩提山《くぼてさん》（福岡県）**　耶馬溪溶岩台地が開拆《かいたく》されたもので、標高七八二メートル。耶馬《やば》日田《ひた》英彦《ひこ》山《さん》国定公園に含まれる。五窟岳ともいい、英彦山、宝満山とともに九州地方の代表的な修験道の山である。縁起では猛覚卜仙《もうかくぼくせん》を開祖とし、行善が白山権現を勧請し求菩提山護国寺や大日窟をはじめ五窟を開き、平安後期に頼厳《らいげん》によって再興されたという。この頼厳は延暦寺座主となった行尊に修験道を学び、求菩提山では千日行をおこし護国寺の再興、宝塔の建立などに尽力した人物とされ、康治一年（一一四二）銘の銅板法華経、保延六年（一一四〇）銘の経筒などに願主・大勧進としてその名がみえる。求菩提山の特色の一つは経塚や遺物が多いことで、経筒・経塚の形態や岩窟納経など独特の様式を伝えている。また六峯、六院、六谷、六哲などと称していることも特色の一つである。六峯とは求菩提山を取り囲む飯盛山、松尾山などの六峯を指す。このほか近世の求菩提山は聖護院の支配下に属していたが、一六九九年（元禄十二）の松尾山独立をはじめとして聖護院の教線拡大や地方霊山の再編がみられることも注目される。

**英彦山（福岡県）**　古くは日子山と書き、嵯峨天皇のころに彦山と変わり、一七二九年（享保十四）霊元上皇の院宣によって英彦山と書くようになった。英彦山は奈良時代の医僧法蓮の入峰以来、山伏の修験道場として栄え、最盛期には僧坊三八〇〇を数え、その信仰は九州一円に及び、大峰山、羽黒山と並んで日本の三大修験道場とされた。天狗や鬼がすむと伝えられるなど奇岩怪石に富み、中世末から近世期にかけて、本山派、当山派が全国的規模で修験道の組織化を推し進めていくなかでも、英彦山は東北の出羽三山とともにその独自性を保ってきた。

　英彦山信仰は山岳信仰史・修験道史においても注目する点が少なくない。それは、修験道の教義的側面を発展させ指導的役割を担ってきたことと、古代から中世にかけての信仰を伝えていることであろう。たとえば弥勒兜率《みろくとそつ》内院四九院に擬した四九窟の存在は、山中を駆けめぐる抖擻修行が導入される以前の洞窟籠り修行を伝えている。また、ほぼ九州全域に分布する檀那に経済的基盤を置く以前は、「四境七里」と称された神領が基盤となっていたこともその一例である。さらに大陸との関係、三組一山という近世期支配体制、行事の変化と芸能など特筆すべき点が少なくない。しかし、明治の廃仏毀釈で修験的堂宇や仏像は奉幣殿を除いて大部分失われてしまった。なお、英彦山みやげとして彦山土鈴が古くから有名で、今でも農家の豊作祈願の呪具となっている。

**木曾御嶽山（長野県）**　木曾御嶽山はもとは各地に分布する国御嶽《くにみたけ》の一つとして、蔵王権現がまつられ、道者の登る山とされていた。江戸時代中期に尾張の覚明行者、江戸の普寛行者の二人によって、黒沢口、王滝口の登山道が整備され、それまで七五日間の精進潔斎を行った者でないと登ることができなかったものが軽精進だけで登れるようになった。それ以降、覚明、普寛の系譜に属する行者達によって各地に講が結成され、全国的に普及したのである。明治期には下山応助の努力によって神道一三派の一つ御嶽教会が設立された。木曾御嶽山信仰の特色はそれを母体として新宗教が形成されたことをはじめ、山中に数万にものぼる霊神碑が立てられていること、「御座」をたて託宣をする習俗が顕著であることなどにある。このうち霊神碑は功績のあった行者を霊神としてまつるもので、霊魂が山に帰り大神に仕えるという考え方にもとづき山中に行者名を記した碑が多数立てられている。

## (8) 御師の山

**大山（神奈川県）** 阿夫利神社の縁起によると僧良弁《ろうべん》によって開かれ、一三世紀に鎌倉の大楽寺住僧願行により中興されたと伝え、大山寺の鉄造不動明王像（重要文化財）は願行の発願によるという。大山は一六〇五年（慶長十）山内粛清がなされ、無学不律の僧を追放し、清僧中心の山内運営が確立するとともに、それまで山中に散在していた修験を山中の前不動より下に集居させて御師集落が形成された。『新編相模風土記稿』によると、江戸後期の大山寺の組織は、別当八大坊の下に大勧進（四坊）、供僧（一一）、脇坊（六）、修験（三）、神家（六、御師兼帯）、御師（一六六）の計一九七坊によって構成されていた。信仰の普及には主として御師の布教に負うところが大きく、彼らは各地の祈願檀家に対して十二月～三月にかけて配札に廻る（檀廻り）ほか、講員の大山参詣に際しては宿（坊入り）をつとめてきた。

**戸隠山（長野県）** 『戸隠山顕光寺流記』という縁起には、八五〇年（嘉祥三）学門行者が飯縄山で修行した後に戸隠山を開いたことや、三院の由来と祭神、戸隠領の四至牓示《しいしぼうじ》のほか、三三霊窟などが記されている。縁起にみるように三谷（三院）に分かれる戸隠山は、地主神である九頭《くず》竜《りゅう》神（本地大弁才功徳天）をまつる農業の守護神として信仰されたが、中世には戸隠三千坊と誇張されるほどの繁栄をみた修験道の山でもあり、これは近世にも継承され、文政年間（一八一八—三〇）には山伏総人数一三三人、末寺三二カ寺を抱えるとともに、著しく御師制度を発達させ、本坊—師家—配下の山伏という関係を軸として、中部、関東、東北と広範な信仰圏をもっていた。多数の信者を獲得しえたのは、修験者だけでなく、古来の農業神としての九頭竜神の霊験があわせ説かれたためである。この点は、村中安全・災難消滅、三社九頭竜、巳待《みまち》などの神礼や、近世末期に書かれた『戸隠霊験談』収録の都合三一話の霊験譚のなかで、水難よけ、降雨、病気治癒、蛇のたたりよけなどの話が多いことからも明らかである。

### (9) 火伏せの山

**秋葉山（静岡県）**　秋葉山は修験道の山として知られ、火伏せの神をまつる山として信仰されている。中世天竜川水系の山々を修行道場とする修験者たちにとって、秋葉山やその奥院とされる竜頭山などはその中心的存在であった。彼らの中には戦国時代から近世初頭にかけて武田、徳川などの軍僧の任につく者が現れ、清水、浜松、小田原などにも秋葉山が形成された。しかし火伏せの神として広い信仰圏を集めるようになった中核ともいうべき存在は三尺坊権現である。伝承によると三尺坊は信濃出身で、越後の栃尾蔵王堂所属の修験者であり、秋葉山に一千日参籠し火生《かしよう》三昧《ざんまい》の法を修し、神通不思議の験力を得、飛行昇天したので、秋葉山に合祀し秋葉三尺坊というようになったとも、秋葉山に大火が発生した際に三尺坊が現れ、火生三昧を修して猛火を止めたことにより火防鎮守としてまつられたとも伝えている。

秋葉信仰は火難・水難よけ、とくに火難よけ（火伏せ）の信仰として全国的に分布しているが、とくに関東・中部地方に濃厚である。また関東・中部地方では秋葉講中あるいは代参・月参講中が結成され、秋葉山への参詣が盛んである。秋葉山では秋葉神社・秋葉寺（三尺坊権現）ともに十二月十五、十六日に火祭を行う。秋葉神社では火之迦具土神をまつり、十六日の大祭には弓・

剣・火の舞がある。秋葉寺でも護摩がたかれ火渡りを行うほか、種々の天狗に対する七十五膳献供式がなされる。秋葉三尺坊と通称される存在は天狗とみなされ、秋葉信仰の火防神としての性格と密接に結びついている。秋葉信仰の各地への普及には、修験の布教も無視することができないものの、江戸時代中ごろ、火災に悩まされる江戸市中に急速に広まっているように、流行神《はやりかみ》的性格を持って広まったものと考えられ、一六八五年（貞享二）には幕府からも村々において秋葉権現を次々に送り渡すことが禁止されている。

**愛宕山（京都府）**　愛宕山は火防の神を祭る山として広範な地域から信仰を集めている。『愛宕山縁起』によると、役行者、雲遍上人（泰澄）を開祖、慶俊を中興の祖とし、和気清麻呂が唐の五台山を模して朝日、大鷲、高見、竜上、賀魔蔵の五峰に寺を建て愛宕五台山としたという。五カ寺の歴史は明らかではないが、朝日峰の白雲寺が本地仏勝軍（将軍）地蔵を祭り、京都東山の将軍塚とともに京を守護する塞《さえ》の神（勝軍は塞の神の変化と考えられている）を祭る山として信仰されてきた。また天狗伝承も愛宕山を特色づけている信仰の一つで、愛宕山の天狗は太郎坊と呼ばれ、日本一の天狗と位置づけられている。

## ⑽　女人救済の山

**立山（富山県）**　立山は白山とともに北陸を代表する修験道の山である。立山の開山伝説によれば、越中国守の佐伯有若の嫡男有頼が、父の白鷹をかりて鷹狩りに山に入り、山中で熊を射るとその熊が阿弥陀如来に変じた。このため有頼は受戒し、慈興と改名したという。立山信仰の中核は、立山を立山権現の本地仏阿弥陀如来の極楽浄土とみる信仰と、地獄谷を中心とする立山地獄の信仰であった。とりわけ立山地獄は『法華験記』『今昔物語』に紹介されているように、古くから世に知られており、『法華験記』には「かの山に地獄の原ありて、遥に広き山谷の中に、百千の出湯あり、（中略）昔より伝へ言はく、日本国の人、罪を造れば、多く堕ちて立山の地獄にあり」と記載されている。こうした立山地獄の流布には、噴煙絶えぬ荒涼とした景観はもとより、修験、聖、比丘尼など立山に依拠した宗教者の活動に負うところが大きい。なかでも立山から流れる常願寺川流域の岩峅寺《いわくらじ》（立山外宮）と芦峅寺《あしくらじ》（立山中宮）とがその拠点となってきた。近世には岩峅寺が二〇余坊、芦峅寺が姥《うば》堂、閻魔堂を中心として三〇余坊の宗教集落を形成し、主として前者は出開帳、後者は勧進という形態をとって信仰の流布につとめてきた。

芦峅寺の場合は全国的な規模で師檀関係を結び、冬季の檀那廻りには、立山権現の護符のほか、立山リンドウ（胃腸薬）、湯の草、熊の胆、山人蔘など各種の薬を土産としており、それが富山の薬売りの源流をなしたこと、また立山曼荼羅を持ち歩き絵解きを行い、立山地獄のようすや立山権現の霊験を説き聞かせている点は注目される。芦峅系の立山曼荼羅に強調されている姥堂、閻魔堂、そこで行われた布橋灌頂《ぬのはしかんじょう》の行事は特筆されるべきものである。明治期の神仏分離まで、姥堂には本尊としての姥三尊のほか、全国六六州を模して六六体の姥像が安置され、姥堂は姥石、美女杉、禿《かむろ》杉などといった女人禁制の習俗を示す伝説とは対照的に、女人堂の性格を有し、血の池地獄と対応させながら女人救済信仰が説かれてきた。また布橋灌頂は擬死再生、死後の極楽往生を約束する儀礼で、秋の彼岸の中日に閻魔堂と姥堂との間の姥堂谷（御姥ヶ谷）に架けられた橋（布橋、天の浮橋）に白布を敷いて行われ、その白布は行事の後に経帷子にして信者に頒布されてきた。

## (11) 歴史と伝説の山

**赤城山（群馬県）**　赤城山は古くから信仰の対象とされており、三夜沢《みよさわ》（勢多郡宮城村）の赤城神社を中心として、社家の布教活動によって関東一帯に信仰圏を形成する一方、赤城山周辺には数多くの赤城神社がまつられている。赤城山神は八八〇年（元慶四）に従四位上に叙せられたが、この時には赤城石神と記されている。石神と称されたのは、三夜沢赤城神社の北西屋根に櫃石《ひつぎいし》と呼ぶ巨石があるためで、これは古代祭祀遺跡の一つで磐座《いわくら》とみなされている。しかし今日では赤城山信仰の中心は沼神におかれており、『神道集』の赤城山縁起の後の『赤城山御本地』などでも沼神が中心になっている。『神道集』には赤城大明神（大沼、本地千手観音）、高野辺大明神（小沼、虚空蔵菩薩）の二所明神に覚満大菩薩（地蔵岳、地蔵菩薩）を加えて赤城三所明神が成立したと記されている。大沼、小沼からは平安時代から江戸時代に及ぶ多数の鏡が出土しており、また小沼には赤城山南麓に住んだ赤堀道元の娘が一六歳の時に入水して沼の主になったという女人入水伝承や、それにもとづく習俗も伝えられている。

**伊吹山（滋賀県）**　伊吹山は中央にも古くから知られており、伊吹山の山の神は『延喜式』にあるように、近江国坂田郡伊夫岐神と美濃国不破郡伊福岐神の二座に分かれ、八七七年（元慶一）にはそれぞれ従三位、従四位上に叙せられている。また毎年春秋に各四九日の間天下の五穀豊穣を祈願して薬師悔過《けか》を修する七高山の一つともなり、沙門三修を開祖とする伊吹山護国寺が定額寺となっている。中世期には弥高、大平、観音、長尾の伊吹山四護国寺を中心として修験道の山として栄えた。しかし伊吹山の信仰は、その古い歴史と修験者たちの活躍にもかかわらず、広範な信仰圏を形成するに至らず、むしろこの山に伝わる伝説のほうがよく知られている。その一つは記紀にみえるもので、伊吹山中に白猪（大蛇）が現れて日本武尊の正気を失わせたという伝説である。伊吹山の神が荒振神《あらぶる》として意識されていたことがわかる。もう一つは、『近江国風土記逸文』にある夷服岳と浅井岳の丈競べの伝説で、浅井岳が一夜にして高さを増したため、怒った夷服岳が浅井岳の頭を切り落とし、琵琶湖の竹生島ができたというものである。

**笠置山（京都府）**　元弘の乱において後醍醐天皇は笠置山に入って倒幕の挙兵をした。それは地理的な条件以上に笠置寺を中心とする修験、山伏の勢力に期待してのことであったと考えられる。元弘の乱を含めた南北朝の内乱において、吉野、熊野を中心とした修験者の活躍には目覚ましいものがあったが、笠置山も一一九四年（建久五）に南都の解脱上人貞慶《じょうけい》が般若台院を設けて中興して以来、修験道場として一大勢力を形成していた。平安中期以来、吉野、大峰、熊野が修験道の根本道場となるに及んで吉野金峰山を弥勒兜率天の内院、笠置山をその外院とする考えが示すように、この山は弥勒浄土の霊場と想定され、山中の三〇宿の行場をめぐる抖擻《とそう》修行も成立した。また金峰山への御嶽詣が盛んになるにつれて、その代行地、前行地とされた。しかし元弘の乱によって一山はことごとく灰燼に帰してしまい、一三八一年（弘和一　永徳一）に笠置寺が再建されたものの、かつての繁栄を再現するまでには至らなかった。

**葛城山**（奈良県）　修験の山として知られる葛城山には金剛山と、戒那山、天神山とも呼ばれる大和葛城山、そして和泉葛城山がある。金剛山には一言主神をまつる葛木神社、葛城山の本地仏をまつる転法輪寺（金剛山）、高鴨味耜高彦根《あじすきたかひこね》神社、葛城水分神社がまつられているほか、周辺にも古代以来の伝統ある神社が多い。葛城山一帯は修験道の開祖役小角伊豆配流伝承をはじめ、記紀の伝える土蜘蛛反抗伝承、一言主神の土佐配流伝承など、古代大和朝廷に敵対し宗教的威勢を保持した伝承が伝えられている。金剛山、犬鳴山七宝滝《しっぽうりゅう》寺を拠点とした葛城修験は、友ヶ島から亀瀬宿に至る『法華経』二十八品ゆかりの二八宿を設け、写経、納経を主とした修行が続けられ、後には本山派修験にとっても重要な修行地とされた。当山派三十六正大先達のうち葛城山系に属するものも多い。

**霧島山**（宮崎県）　霧島山は記紀にみえる天孫降臨の神話を伝え、その山名は雲霧の深いところに由来するという。霧島の神が歴史に登場するのは八三七年（承和四）にはじめて官社に列せられ、八五八年（天安二）従四位下に叙せられたことに始まるが、『延喜式』記載の霧島社の所在は不明である。霧島山信仰は平安時代中ごろの僧性空の入山によって新たな展開をみせた。性空は霧島、脊振山など諸山と歴訪し、播磨国書写山円教寺を開いた人物として知られているが、霧島とその山麓部では性空の創建と伝える堂社が多い。霧島山信仰は霧島六所権現、霧島六社、霧島山四方門として性空によってまとめられたとされる。霧島六所権現とは霧島山中央六所権現、狭野大権現、霧島東御在所両所権現、東霧島権現、西御在所霧島六所権現（霧島神宮）雛守六所権現の六社とされている。霧島山信仰のなかでは、隠れ念仏の一派カヤカベが霧島山と深い関係を保っていることが注目される。

**早池峰山（岩手県）**　早池峰山は、柳田国男の『遠野物語』や山麓部の村々に伝えられてきた芸能などで広く知られている。『遠野物語』には早池峰の山の神を含めて遠野地方の幻想的世界が描き出されており、山村に住む人々の生活と心を伝えている。そこには早池峰の山の神、人々の異郷観、畏敬の念がみられるが、これらが早池峰山信仰の基盤をなしている。早池峰山への登拝口は東西南北の四カ所あり、そのうち遠野市の大出、大迫町の岳の二カ所が中心的役割を果たした。近世期にはそれぞれに新山宮（里宮）と別当寺妙泉寺があり、そのため両者は長年にわたって本坊争いを続けてきたが、岳が優勢であったといえよう。このほか遠野来内の藤蔵という猟師が熊を追って早池峰に入ると金色の権現が現れたという狩猟型の開山伝承、岳神楽、大償《おおつぐない》神楽に代表される山麓部の芸能、それを伝えてきた修験などが注目されるもので、より原初的な山岳信仰が保持されてきたところにこの山の大きな特色がある。

## 初出一覧

本書は、Ⅳの3「出羽三山登拝と里先達」およびⅥの「ヤマ（山）とタケ（岳）の信仰から山岳信仰へ」を除き、これまで雑誌等に発表した山岳信仰・修験道関係の短文を、主として山岳信仰を再検討しようとする立場から再構成しまとめたものである。発表した当時は、与えられた紙枚と時間の制約によって意を尽すことができなかったものが多い。そのため、本書をまとめるに際しては大幅な加筆訂正を行い、出来る限り重複部分をカットしたり筋の通ったものにしたつもりであるが、原文を生かしたために充分になされたとは言い難い部分もある。参考までに発表当時の原題、掲載誌名、発表年月を記しておく。

Ⅰ　修験道の展開　『多摩のあゆみ』四二巻　多摩中央信用金庫　一九八六年二月　原題「関東の修験道」

Ⅱの1　鬼と天狗――『今昔物語』の世界　『月刊国語教育』五巻三号　東京法令　一九八五年六月　原題「敗者としての異人――鬼と天狗」

Ⅱの2　天狗と民俗――山と里の天狗観　『月刊百科』二五〇号　平凡社　一九八三年八月　原題「天狗伝承とその背景」

Ⅱの3　天狗の系譜と図像学　『日本人の原風景　Ⅰ聖峯冥郷』旺文社　一九八四年十一月　原題「天狗の図像学」

Ⅲの1　石鎚山行者伝承　『民間信仰の研究序説』木曜会　一九七六年九月　原題「山岳修行者覚書」

Ⅲの2　修行者としての僧侶　『仏教』2　法藏館　一九八八年一月

Ⅲの3　修験者たちの道　『信濃路』四九巻　信濃路出版　一九八五年九月

Ⅳの1　山と修験と火　『史境』八　筑波大学歴史人類学会　一九八四年四月　原題「修験道と民間信仰」。『歴史公論』一一九　雄山閣　一九八五年九月　原題「山岳信仰と火」

Ⅳの2　修験と民間医療　『民俗学評論』三四号　大塚民俗学会　一九八四年十月　原題「修験道の治療法と民間医療」。『月刊国語教育』五巻二号　一九八五年五月　原題「物の怪と戦う験者」

Ⅴの1　恐山霊場と聖地観　『仏教民俗学大系3　聖地と他界観』名著出版　一九八七年十二月　原題「恐山霊場の聖地観」

Ⅴの2　下北における他界観　『脇野沢村史　民俗編』脇野沢村役場　一九八三年四月　原題「あの世」

付　山岳信仰アラカルト　百科事典　平凡社

# 解説　宮本袈裟雄の民俗学――その特質と方法

鈴木正崇

## はじめに

宮本袈裟雄氏の専門は、民俗学、特に修験道や民間信仰を主軸に据えて、庶民の暮らしを見つめ直す研究である。本書は、専門的ではあるが、多くの人々になじみ深い天狗とは何か、天狗になぞらえられることの多い修験者とは何かという二つの大きな問いを基軸として、一般性を持つわかりやすい記述を展開している。各論考は、事例を列記するだけでなく、類型化して整理し、問題点を挙げ、論旨を展開する。職人肌のような緻密さで、現地調査と地方文書を突き合わせて説得力ある結論にたどり着く。民俗学の醍醐味を伝える著作である。

## 修験道とは何か

宮本さんの研究の集大成は『里修験の研究』（吉川弘文館、一九八四）で、没後に復刊され（岩田書院、二〇一〇）、併せて論文を精選して編集した『里修験の研究　続』（岩田書院、二〇一〇）が刊行された。『天狗と修験者――山岳信仰とその周辺』の論考は「里修験」の視座を根底に据えて展開しているので、最初に「里修験」と「修験道」について検討することから始めたい。宮本さんは、民衆の立場から「修験道」を捉え、民俗学的視角から読み解くために「里修験」という新たな概念を導入した。修験道とは何か。私見を交えて見解を整理すると、修験道とは、山での修行実践を通して霊力（験）を獲得する行法で、「山岳を仏法や道家思想で意味付け、山の力を身体化する体系的実践」である。創唱者はなく、依拠する教典を持たず、実践に特化して、集団の「峯入り」で神仏と交流し、自然との一体化を目指した。外来思想を取捨選択・解釈・流用して、山を結節点に神仏混淆の思想と実践を展開し、修行の意味付けに密教の教義を取り込み、巫術と融合した。発祥の地は、吉野と熊野を結ぶ大峯山である。修験者は、近世には里に定着し、民衆から験力を信頼されて加持祈禱を行い、豊作祈願、雨乞い、病気直し、小祠小堂の祭り、人生儀礼等を通じて庶民の生活に深く関与した。しかし、明治の神仏分離で解体され往時の姿を取り戻すに至らず現在に至る。修験道の成立時期は、長い間、平安時代中後期とされてきたが、現在では歴史学者による史料の再検討によって、鎌倉時代以降と考えられている。十三世紀後期には、顕教・密教と並ぶ修験道が確立し、役行者（役小角）が開祖（宗祖）に祀り上げられ、修行や教義が整備された。十五世紀以降には組織化が進み、「峯入り」修行では山中を曼荼羅や胎内に擬して「十界修行」を行い、擬死再生を基本主題に独自の活動を展開した。修験道研究の現状については、時枝務・長谷川賢二・林淳編『修験道史入門』（岩田書院、二〇一五）や『現代思想』四九巻五号［特集　陰陽道・修験道を考える］（青土社、二〇二一）が最新動向を伝えている。

## 里修験の視座

修験道研究には、歴史学者の和歌森太郎の『修験道史研究』（河出書房、一九四三）の影響力が大きい。和歌森は、修験道の本質は中世にあり、山岳修行（抖擻）と遊行性や行動性を特徴とした修験が、近世には山岳修行を行わなくなって地域社会に定着した。その実態は、加持祈禱や呪術の行使による民衆の救済であり、近世は修験道の堕落と捉えたのである。

宮本さんは和歌森の論旨を発展させて、近世の考察に特化し、地方文書と民俗資料を根拠に、幕藩体制下の政治・経済の変化と庶民の変化を関連させて一次史料を読み解き「修験者」の実態を捉えた。近世には山で修行しない「修験者」が増加したが、庶民の信頼は篤く、村や町の社寺の別当を任されて祭祀を行い、治病・祈禱に従事し、庶民の現世利益の願いに応えた。「修験者」は、僧侶とは異なって多くは妻帯して半僧半俗で身近な存在であり、庶民と同様の暮らしを営んでいた。近世中期以降に庶民が経済的に豊かになり、交通網が発達して、霊山登拝や霊場参詣が盛んになると、「修験者」は町や村の登拝講の先達になることも多かった。

宮本さんは「修験者」の実態を明らかにする用語として、日光山の「里山伏」という民俗語彙にヒントを得て、「里修験」という用語を新たに造語し、全国の近世修験の実態を比較研究する学術用語とした。変化に富む「修験者」の実態を「里修験」として括り、地域社会に定住した「修験者」を近世以後の歴史的存在として浮かび上がらせた。「里修験」は農村や都市に定住する修験道の一形態として概念化され、民俗学だけでなく歴史学でも受け入れられた。「里修験」は人々の現世利益の希求に応えて地域社会に定着し、寺檀制度によって死者供養の葬式仏教に転化した仏教寺院とは棲み分けて、神仏混淆の世界を維持してきた。

### 里修験から近世修験へ

宮本さんの研究は、和歌森太郎を継承発展させた業績として高い評価を受けた。その後、修験道と地域社会に関する研究も進み、相模の中世以来の修験、八菅山《はすげさん》を扱った『修験集落八菅山』（愛川町教育委員会、一九七八）、越後の事例の『修験者と地域社会――新潟県南魚沼の修験道』（名著出版、一九八一）などの実態調査が成果として上梓された。しかし、「里修験」の研究は、個々の事例提示に留まり、体系化された著作は少ない。若い研究者には宮本さんの意図が十分に継承されず、時代の変化に伴って、話者が老齢化して十分な情報が得られなくなったという事情も加わる。その中で、関口健『法印様の民俗誌――東北地方の旧修験系宗教者』（岩田書院、二〇一七）は東北地方の事例を中心に、「里修験」の近世から近代への転換を明らかにした好著である。また、「里修験」がしばしば先達を務めた登拝講（富士講、木曽御嶽講、榛名講など）を始めとする講研究は、長谷部八朗の精力的な活動で成果が生み出され、『「講」研究の可能性』（Ⅰ～Ⅵ、慶友社、二〇一三～二〇二〇）として刊行されている。

他方、「近世修験道」を新たに設定する動きは、時枝務他『近世修験道の諸相』（岩田書院、二〇一三）がその動向を伝える。宮本さんの研究は画期的であったが、中世の山岳修行を原型とし、山から里へ、移動から定着へという不可逆で一方向的な展開を払拭していないという批判も投げかけられた。「近世前期」と「近世後期」の修験道の区別も必要かもしれない。徳川幕府は、慶長十八年（一六一三）に「修験道法度」を出し、修験道を本山派（天台系）と当山派（真言系）に帰属させ、「修験者」は俗的権威を優越する政治集団に転換し、元禄期（一六八八〜一七〇四）までに組織化を完了した。羽黒山・戸隠山・英彦山は、寛永寺の統制下に置かれ幕府の庇護を得た。明治維新の「神仏判然令」（一八六八年）、「修験宗廃止令」（一八七二年）の荒波に遭遇したのは、「近世後期修験」である。「里修験」の研究には、地域の「修験者」と霊山との関係や影響を考慮した歴史的考察も必要であろう。

修験道の儀礼・組織・思想・歴史に関しては、五来重『修験道入門』（ちくま学芸文庫、二〇二一）、宮家準『修験道』（講談社学術文庫、二〇〇一）をはじめ宗教史や宗教学による多くの著作がある。宮本さんの独自性は、「修験道」そのものよりも、担い手の「修験者」に注目して、民衆の視角から庶民の救済者、「野のカウンセラー」として捉えたことにあった。宮本さんは教団史や霊山史ではない庶民信仰史の構築を目指したのである。『里修験の研究』の「はしがき」で、「歴史科学の一分野として民俗学を捉え、基本的には現在より過去へ遡及するかたちで歴史を再構成する」と宣言している。方法論としては「歴史的世界の再構成」が目標であった。特殊な事例と見られがちな修験道研究を、大きな歴史や社会の中に位置づけ、文献史学を乗り越えて、普遍史に展開して考察し、新たな歴史学を目指す試みであった。

## 修験者から山岳信仰へ

『天狗と修験者――山岳信仰とその周辺』（一九八九）は、「山岳信仰」に関心を向けて、「修験者」だけでなく、天狗や鬼、山の怪異などを検討して庶民信仰の考察を幅広く行った。「里修験」の考察が踏まえられていることは言うまでもない。内容は、1　修験道の展開、2　天狗伝承、3　山と修行者、4　修験と民間信仰、5　恐山信仰と下北の他界観、6　ヤマ（山）とタケ（岳）の信仰から山岳信仰へ、で構成される。「修験道の展開」では、大峯山・羽黒山・英彦山などの修験道の通史を記述すると共に、宮本さんが深く関わった関東地方の修験道を全国視野のもとに位置づけた。「天狗伝承」では、『今昔物語』の鬼と天狗の記述から異人表象に展開し、天狗祭りや怪異伝承、図像などに多様な解釈を提示する。「山と修行者」では、個人に焦点をあてる。石鎚山の行者の聞書きに基づいて信仰の実態を考察すると共に、修験者の史料の解読のための補助資料にする。「修験と民間信仰」は幾つかの章に分かれる。「修験と火と山岳信仰」では、柴燈護摩など火の信仰を中核に据える修験者の特性を、羽黒山松例祭など民間習俗に関連づけて論じた。「修験道と民間医療」では、治病こそが修験者の活動で最も重要だとして民衆の様々な病いや悩みに真摯に対応した姿を分析する。「出羽三山登拝と里先達」では、八日講・奥州講・三山講などと称する千葉県の根強い出羽三山信仰の講を考察し、独自の行事や祭祀の生成や、行人を即身成仏とする民衆化の実態を描く。「恐山信仰と下北の他界観」では、死者供養で名高い恐山の実態を、「里修験」の活動や婆講を通して複合的に提示し、死者供養に特化しない恐山信仰の多様性が示された。「ヤマ（山）とタケ（岳）の信仰から山岳信仰へ」は、修験者を論じる際の前提となるヤマとタケの信仰を論じ、民俗語彙が山と死を強く結びつけること、日常生活での山岳信仰、信仰圏など民俗と結びついた諸相を論じた。ヤマとタケという自然景観、山岳に依拠する宗教的職能者、信者としての一般庶民という三者の関係性に注目し、「修験者」を山に偏らせずに、山と里の両者を入れた宗教的職能者として再認識することなど、今後の研究に示唆を与える提案をしている。本書で取り上げられた事例には、消滅したものや、継続困難に陥ったもの、全く様相が変わってしまったものもあり、記録として貴重であるだけでなく、考察も多様性と示唆に富む。宮本民俗学のエッセンスは本書に凝結していると言える。

明治の神仏分離による急激な社会変化で、神仏混淆を基本としていた山岳信仰と修験道は壊滅状態となった。日本人の世界観は覆り、過去の歴史との非連続性が顕在化した。明治初期までは十七万人いたという「修験者」の大半は雲散霧消し、勝者の歴史が敗者を押し潰し、至る所にいたという修験者は消えてしまった。宮本さんは故郷信州でのかすかな記憶の闇の中から、「修験者」を呼び覚まして、全国に視野を拡大して、「里修験」として庶民信仰の中に組み込むことで復権させた。その延長上に「福神信仰」への取り組みや、被差別部落の民俗がある。地域社会が抱える課題に対して有効な指針を与える民俗学を目指したのである。多くの人々から慕われ、頼りにされ、笑顔で対応していた宮本さんは、ひょっとしたら「里修験」に自らを重ね合わせていたのではないか。二〇〇八年十二月十八日に急逝された。享年六十三歳。若すぎる死であった。遺骨は本人の御意向で二〇〇九年三月十四日に羽田空港の沖合に散骨された。長生きすれば研究を集大成することができたと思う。誠に残念である。

## 宮本袈裟雄の経歴と業績

宮本さんは一九四五年、信濃の更級郡《さらしなぐん》更北村《こうほくむら》中氷鉋《なかひがの》（現・長野市）に生まれた。川中島の近くに位置し北方に飯縄山を望む。袈裟雄の命名由来は、臍の緒を首に袈裟掛けに巻き付いた状態での出産という危機を無事に乗り越えたことを喜び、禍を転じて福にする願望を籠めたという。東京教育大学では民俗学者になるべく生まれてきたと評された。『武士の娘』（一九三八）で知られる越後の長岡出身の杉本鉞子も同様な出産で、「仏さまからじきじきの御しめしを受けている」と信じられ（大岩美代訳、ちくま文庫、一九九四、二九頁）、将来は尼になる定めとされ、幼年から漢籍を学び、エッ坊といわれ男のような躾を受けた。宮本さんと修験との出会いは偶然とは思えない。

一九六五年、宮本さんは東京教育大学文学部史学科の史学方法論専攻に入学した。定員は五名、民俗学と考古学で構成され、教員は直江廣治、竹田旦、宮田登、日本史学専攻には和歌森太郎、櫻井徳太郎がいた。大学紛争のため一年留年して一九七〇年に卒業した。卒論は故郷の飯縄山に関わるイズナ信仰を選んだ。飯縄山は山岳信仰で名高い戸隠山の前山である。修士論文は戸隠山に関連する「里山伏」を主題に書いた。修験者の関与による憑物《つきもの》を伝える飯縄信仰が出発点で「里修験」はライフワークとなった。修士課程修了後の一九七三年、宮田登の東京学芸大学への転出に伴い助手に就任した。大塚民俗学会編『日本民俗事典』（弘文堂、一九七二）の刊行直後で、「アカデミック民俗学」の確立期であった。韓国と連携して「比較民俗学」にも乗り出した。ただし、当時は、東京教育大学の廃学、筑波大学の開学という荒れた大学再編の渦中にあり、宮本さんは賛成派と反対派の狭間で苦労し、一九七七年には筑波大学に奉職したが、気の重い仕事だったようである。一九八五年に福田アジオの後任として、武蔵大学人文学部教授に就任して教育と研究に没頭し、二〇〇八年に現職のまま逝去された。

単著は、『里修験の研究』『天狗と修験者』の他に『庶民信仰と現世利益』（東京堂出版、二〇〇三）、没後に、『被差別部落の民俗』（岩田書院、二〇一〇）、『里修験の研究　続』（岩田書院、二〇一〇）が刊行された。編著に『福神信仰』（雄山閣出版、一九八七）、高松敬吉との共著『山と信仰　恐山』（佼成出版社、一九九五）、谷口貢との共編著『日本の民俗信仰』（八千代出版、二〇〇九）がある。『フォークロアの眼』（共著、国書刊行会、一九七七）、『子ども歳時記』（共著、桐原書店、一九八二〜一九八三）、『祭儀と呪術』（共著、吉川弘文館、一九九四）なども重要な仕事である。辞書事典類は『民間信仰辞典』（東京堂出版、一九八〇）、『日本宗教事典』（弘文堂、一九八五）、『日本民俗宗教辞典』（東京堂出版、一九九八）、『日本民俗大辞典』（吉川弘文館、一九九九〜二〇〇〇）などに執筆している。

宮本さんは、多くの市町村史や県史の民俗編を担当し調査と報告をこなした。『大井町史』『長野県史』『富士見市史』『三郷市史』『寒川町史』『三芳町史』『鹿沼市史』『山梨県史』『武蔵町の民俗』などに携わった。『勝田市史民俗編』での共同調査は、『民俗調査ハンドブック』（吉川弘文館、一九七四）の原型となり大きな影響を及ぼした。しかし、民俗調査に関わる煩瑣な交渉や調整は、ストレスを蓄積させ寿命を縮める要因になったのではないか。

学会活動も活発で、日本民俗学会理事を複数期担当し、日本民俗学会代表理事（後に会長）を務め、日本山岳修験学会副会長も務めた。現代民俗学会初代会長に就任し『現代民俗学』創刊号（二〇〇九）の巻頭言で「柳田国男の思いや目指した方向は重要と思いますが、柳田の考え方も〈あくまで一つの考え方〉と相対化し、民俗学が直面している課題、将来起こりうるであろう課題に対応できるような民俗学の方法論を構築すべきであると思います」と述べて感銘を与えた。事実上の遺言であった。

## 宮本袈裟雄と私

宮本さんとの初めての出会いはいつだったのか。一九七〇年代の羽黒山での現地調査が初めてのような記憶がある。最初は、悠揚迫らぬ態度、沈着冷静さが印象に残った。意見が決まれば一気呵成に本質を突き、敵を造らず、粘り腰で人間関係の網の目を巧みに泳いだ。この点は宮田登とよく似ていた。たおやかさ、やさしさ、研究への厳しさを持ち合わせた方であった。

宮本さんとの交流は木曜会を通してであった。木曜会とは、小松和彦・真野俊和・宮本袈裟雄などを中心に、民俗学・文化人類学・歴史学・宗教学など多分野の若手が集まる研究会で、一九七五年四月二十四日、櫻井徳太郎の肝煎で弘文堂の会議室で発足し、小松和彦「護法童子論」が初回であった。その後、会場を上野文化会館に移して、初回の一九八三年六月十三日には、櫻井徳太郎『日本民俗宗教論』（春秋社、一九八二）の合評会を、谷口、宮本、鈴木が行い、運営に携わることになった。その後は、上野区民館に会場を移し毎月曜日に行っていたが、二〇一二年十一月十三日の一九六回で自然消滅した。この間、櫻井監修、宮田、小松、宮本、真野、鈴木が編集委員で『民俗宗教』全五巻（一九八七年、創樹社。一九八九、一九九〇、一九九三、一九九五、東京堂出版）を刊行した。学会では日本民俗学会での交流が長く続いた。編集担当理事の時に、『日本民俗学』二五二号（二〇〇七年一一月）で特集「差別と民俗」を組み宮本さんに原稿執筆をお願いし督促を掛けたが、体調悪化が判明し申し訳ないことをした。日本山岳修験学会では、年会でご一緒する機会が多く、次期の会長職は宮本さんが継ぐものと思っていたが、急逝で当方にお鉢が廻り、現在も継続中である。

### 課題としての「民俗信仰」

従来、日本の庶民信仰を対象とする研究には、長い間、「民間信仰」の用語が使われてきた。一九八〇年代以降は海外との比較を意識し、「民俗宗教」という用語に置き換えられて現在に至る。これに対して宮本さんが『日本の民俗信仰』に寄稿した「民俗信仰の多様性と重要性」と題した論文では、「民俗信仰」概念の使用が提唱され、その後、議論されることなく、現在では使用が一般化している。しかし、原文に立ち返ると「民間信仰を継承しながら、仏教や成立宗教・新宗教との関連、あるいは都市民、さらには在日外国人まで拡大した内容を含み、民俗学の立場を強調した用語」（二頁）と包括的に定義され「民俗学の立場」に傍点が振られている。これでは「民俗信仰」は民俗学内部でしか通用しない「業界用語」になってしまう。宮本さんがもう少し長く健在であったなら、深く議論して、より精緻な概念構築をしたと思われてならない。現在では「民俗信仰」の用語が一人歩きして、他の学問分野との対話を閉ざし、民俗学の「内旋」、引き籠りをもたらした。他方、「地域社会から個人へ」の節では建設的意見を述べた。民俗の担い手の伝承母体を集団から個人へと移行して、個人が関与する集団の重層性に注目して動態的に把握するという提案である。伝承母体を個人とする発想は画期的だが、個人を集団や地域との関係性の中で考え直す方法は課題を残した。

宮本さんは未完の課題を残して逝った。研究目標を喪失し、いたずらに拡大に向かう現代の民俗学への警鐘を鳴らす者として、宮本袈裟雄を再評価する時が訪れている。

（文化人類学・民俗学　慶應義塾大学名誉教授）

宮本袈裟雄（みやもと　けさお）
1945年長野県生まれ。1973年東京教育大学文学研究科日本史学（民俗学）修士課程修了。武蔵大学教授を務める。日本民俗学。2008年逝去。著書『日光山と関東の修験道』（共編、名著出版、1979年）、『子ども歳時記』全３巻（監修、桐原書店、1983年）、『里修験の研究』（吉川弘文館、1984年）、『福神信仰』（編著、雄山閣、1987年）ほか。

天狗《てんぐ》と修験者《しゅげんじゃ》
山岳信仰《さんがくしんこう》とその周辺《しゅうへん》

二〇二三年九月一五日　初版第一刷発行

著　者　宮本袈裟雄
発行者　西村明高
発行所　株式会社法藏館
京都市下京区正面通烏丸東入
郵便番号　六〇〇-八一五三
電話　〇七五-三四三-〇〇三〇（編集）
〇七五-三四三-五六五六（営業）

装幀者　熊谷博人
印刷・製本　中村印刷株式会社

※本書掲載の写真の無断転載を禁じます。
©2023 Yukiko Miyamoto *Printed in Japan*
ISBN 978-4-8318-2654-1　C0139
乱丁・落丁本の場合はお取り替え致します。

法蔵館文庫既刊より

価格税別

さ-1-1
増補 いざなぎ流 祭文と儀礼
斎藤英喜著
高知県旧物部村に伝わる民間信仰・いざなぎ流。中尾計佐清太夫に密着し、十五年にわたるフィールドワークによってその祭文・神楽・儀礼を解明。
1500円

キ-1-1
老年の豊かさについて
キケロ著
八木誠一
八木綾子訳
老人にはすることがない、体力がない、楽しみがない、死が近い。キケロはこれらの悲観的通念を吹き飛ばす。人々に力を与え、二千年読み継がれてきた名著。
800円

た-1-1
仏性とは何か
高崎直道著
「一切衆生悉有仏性」。はたして、すべての人にほとけになれる本性が具わっているのか。日本仏教に根本的な影響を及ぼした仏性思想を明快に解き明かす。解説＝下田正弘
1200円

さ-2-1
アマテラスの変貌
中世神仏交渉史の視座
佐藤弘夫著
童子・男神・女神へと変貌するアマテラスを手掛かりに中世の民衆が直面していたイデオロギー的呪縛の構造を抉りだし、新たな宗教コスモロジー論の構築を促す。
1200円

て-1-1
正法眼蔵を読む
寺田透著
多数の道元論を世に問い、その思想の核心に迫った著者による「語る言葉（パロール）」と「書く言葉（エクリチュール）」の「講読体書き下ろし」の読解書。解説＝林 好雄
1800円

い-1-1

## 地獄

石田瑞麿著

古代インドで発祥し、中国を経て、日本へとやってきた「地獄」。その歴史と、対概念として浮上する「極楽」について詳細に論じた恰好の概説書。解説＝末木文美士

1200円

く-1-1

## 王法と仏法

中世史の構図

黒田俊雄著

強靭な論理力で中世史の構図を一変させ、「武士中心史観」にもとづく中世理解に鋭く修正を迫った黒田史学。その精髄を示す論考を収めた不朽の名著。解説＝平　雅行

1200円

な-1-1

## 折口信夫の戦後天皇論

中村生雄著

戦後「神」から「人間」となった天皇に、折口信夫はいかなる可能性を見出そうとしていたのか。折口学の深淵へ分け入り、折口理解の新地平を切り拓いた労作。解説＝三浦佑之

1300円

あ-1-1

## 禅仏教とは何か

秋月龍珉著

仏教の根本義から、臨済宗・曹洞宗の日本禅二大派の思想と実践までを体系的に叙述。難解な内容を、簡潔にわかりやすくあらわした入門書の傑作。解説＝竹村牧男

1100円

ほ-1-1

## 増補 宗教者ウィトゲンシュタイン

星川啓慈著

ひとつの孤独な魂が、強靭な理性と「神との和解」のはざまで悩みぬく。新発掘の二つの『日記』等をめぐる考察を縦横にもりこんだ、宗教学からの独創的アプローチ！

1000円

ア-1-1・2

## 評伝J・G・フレイザー

その生涯と業績　上・下（全二冊）

R・アッカーマン著
小松和彦監修
玉井　暲監訳

大著『金枝篇』で世界に衝撃を与えた人類学者の画期的評伝。研究一筋の風変わりな日常から、出版をめぐる人間模様、悪妻とも評された妻との結婚生活まで。未公開書簡や日記も満載。

各1700円

い-2-1

## アニミズム時代　岩田慶治著

森羅万象のなかにカミを経験する。その経験の場とは。アニミズムそしてシンクロニシティ空間論によって自然との共生の方法を説く、岩田アニミズム論の名著。解説＝松本博之

1200円

か-1-1

## 信長が見た戦国京都　河内将芳著

城塞に囲まれた異貌の都

同時代史料から、「町」が社会集団として成熟していくさまや、戦国京都が辿った激動の軌跡を尋ね、都市民らの視線を通して信長と京都の関係を捉え直した斬新な戦国都市論！

900円

や-1-1

## 宗教とは何か　八木誠一著

現代思想から宗教へ

理性と言語による現実把握の限界をどう超えるか。ニーチェの生の哲学から実存主義、さらには京都学派の哲学までを総覧し、現代人のための宗教に至る道筋を鮮やかに指し示す。

1300円

つ-1-1·2

## 平安人物志　角田文衞著

上・下（全二冊）

考古学と文献史学を駆使した角田の博識と推理が冴え渡る、41篇の人物伝。緻密な分析で、平安朝を生きた人々の数奇な生涯を鮮やかに描き出した、歴史的名著。解説＝山田邦和

各1700円

か-2-1

## インド人の論理学　桂紹隆著

問答法から帰納法へ

インド人の思考法は、観察から法則を導き出す帰納法的思考であった。事実に基づく論証法がインドでどのように展開したのか。その淵源を仏教の縁起の教えに見出した名著。

1300円

た-2-1

## 悟りと解脱　玉城康四郎著

宗教と科学の真理について

徹底した禅定実践と学問研鑽によって仏道を求め、かくして到達したブッダの解脱に基づき、一切の枠組みを超えた真理を究明する。稀有の求道者の最後の書。解説＝丘山　新

1000円

さ-3-1
## ブッダとサンガ
〈初期仏教〉の原像
三枝充悳著
一人のブッダから多くの仏が生まれたのはなぜか。サンガはどのように成立したのか。仏教の根本問題を論旨明快な叙述で解きほぐす、恰好のインド仏教史入門。解説＝丸井 浩
1100円

し-1-1
## ポストモダンの新宗教
現代日本の精神状況の底流
島薗 進 著
一九七〇年代以降に誕生・発展した「新新宗教」の特徴を読み解き、「新新宗教」を日本・世界の宗教状況とリンクさせることで、現代宗教論に一つの展望を与えた画期的試み。
1200円

や-2-1
## 〈方法〉としての思想史
安丸良夫著
安丸史学が対峙し、目指したものとは――。自身の研究や経験を回顧した論考・時評等を中心に収め、その思想的格闘の軌跡を示した歴史学徒必読の名著。解説＝谷川 穣
1300円

ア-2-1
## 英国の仏教発見
フィリップ・C・アーモンド著
奥山倫明訳
19世紀の英国人らによる仏教表象を分析し、西洋近代において、仏教が称賛や蔑視を交えながら「創造」されていく過程を、オリエンタリズムと宗教をめぐる観点から解明。
1300円

か-1-2
## 改訂 祇園祭と戦国京都
河内将芳著
創作物を通じて戦国期の祇園祭に託された「権力に抵抗する民衆の祭」というイメージは実態に合うものなのか。イメージと史実を比較し、中世都市祭礼・祇園祭の実像に迫る。
1000円

ブ-1-1
## 儀礼と権力　天皇の明治維新
ジョン・ブリーン著
日本の「近代」創出に天皇がはたした身体的役割とは何か。天皇はいかにして「神話の体現者」となったのか。従来とは異なる儀礼論的アプローチから迫ったユニークな試み。
1300円

も-1-1

# 梁の武帝
仏教王朝の悲劇

森三樹三郎著

皇帝菩薩と呼ばれた武帝の餓死、王朝の滅亡は、仏教溺信が招いた悲劇だったのか。類い稀な皇帝のドラマチックな生涯とその時代の精神を描出した不朽の傑作。解説＝船山　徹

1000円

む-1-1

# 天平芸術の工房

武者小路穣著

正倉院や東大寺をはじめとする花やかな天平芸術の創造にたずさわった工人たちの盛衰を明らかにしていくなかで、古代国家の文化の形成基盤の全体像を考察。解説＝山岸公基

1200円

た-3-1

# 改訂 歴史のなかに見る親鸞

平雅行著

数少ない確実な史料を緻密に検証することで、歴史研究者として親鸞の事蹟の真偽を究明する一方、民衆の苦難と自らの思想信条とのはざまで悩み苦しむ親鸞の姿をも描きだす。

1100円

す-1-1

# 東洋の合理思想

末木剛博著

インド仏教、中国仏教、中国古典に形式論理を見いだし、西洋思想とは異なる、非自我的な「楕円思考」を東洋の合理思想の根幹として解明する。野矢茂樹氏の解説も再録。

1200円

か-3-1

# 増補 菩薩ということ

梶山雄一著

迷いと悟りの世界を生きる菩薩の存在は、大乗仏教の真髄である。大乗仏教がめざした人間像を探究しつづけた著者が最終的に到達した菩薩像と、その生き方とは。解説＝桂紹隆

1000円

キ-2-1

# ウィトゲンシュタイン・文法・神

アラン・キートリー著
星川啓慈訳

ウィトゲンシュタインの「文法」概念を宗教研究に応用し、自然主義・相対主義・還元主義をのりこえる視点を提供。そして「本物の宗教」に迫らんとする、宗教哲学の好著。

1200円

か-4-1

**死と運命**
中国古代の思索
金谷治著

「こののっぴきならない生命とはいったい何なのか」。孔孟、老荘、荀子等の言葉をてがかりに、中国古代における死、運命、欲望に関する思索を討尋する。解説＝中嶋隆藏

1100円

よ-1-1

**劉裕**
江南の英雄 宋の武帝
吉川忠夫著

劉裕は微賤な武人に生まれながらも、卓越した行動力と徹底した現実主義によって皇帝となった。だが、即位後その生彩に翳りが——。南朝の権力機構の本質を明らかにする好著。

1000円

か-5-1

**一遍語録を読む**
金井清光
梅谷繁樹著

一切を捨てた「捨聖」一遍。その思想的背景と生涯を法語から読み解き、巻末では一遍の和讃「別願和讃」を『節用集』『日葡辞書』などを駆使して詳論する。解説＝長澤昌幸

1200円

な-1-2

**祭祀と供犠**
日本人の自然観・動物観
中村生雄著

動物を「神への捧げもの」とする西洋の供犠との対比から、日本の供養の文化を論じ、殺生・肉食の禁止と宗教との関わりに新たな光を当てた名著が文庫化。解説＝赤坂憲雄

1500円

さ-4-1

**ラジオの戦争責任**
坂本慎一著

戦前最強の「扇動者」、ラジオ。その歴史を五人の人物伝から繙き、国民が戦争を支持し、また玉音放送によって瞬く間に終戦を受け入れるに至った日本特有の事情を炙り出す。

900円

は-1-1

**明治維新と宗教**
羽賀祥二著

近代「神道」の形成と特質を仏教までもを含んだ俯瞰的な視野から考察し、「国家神道」に止まらない近代「神道」の姿をダイナミックに描いた、日本近代史の必読文献。

1800円

か-6-1

**禅と自然**

唐木順三 著

近代という無常が露わになった時代をどう乗り越えるか。その克服の可能性を、逆に無常を徹底させる中世の禅思想のなかに見出した卓異の論考を精選。解説＝寺田透・飯島孝良

1100円

ひ-1-1

**無神論**

久松真一 著

「絶対的自律」へ至る道を考究し続けた稀代の哲人・久松真一。その哲学の核心を示す珠玉の論考と自叙伝的エッセイ「学究生活の想い出」を収録。解説＝星野元豊・水野友晴

1000円

た-4-1

**聖武天皇**

「天平の皇帝」とその時代

瀧浪貞子 著

高い政治力を発揮し、数々の事業を推進した聖武天皇。「天平の皇帝」たらんとしたその生涯と治世を鮮やかに描写。ひ弱、優柔不断といった旧来の聖武天皇像に見直しを迫る。

1300円

し-1-2

**精神世界のゆくえ**

宗教からスピリチュアリティへ

島薗進 著

なぜ現代人は「スピリチュアリティ」を求めるのか。宗教や科学に代わる新しい思想を網羅的に分析し、「スピリチュアリティ」の興隆を現代精神史上に位置づけた宗教学の好著。

1500円

よ-2-1

**日本人の身体観の歴史**

養老孟司 著

日本の中世、近世、そして現代哲学の心身論から西欧の身体観まで論じる。固定観念を揺さぶり、常識をくつがえし、人と世界の見方を一変させる、養老「ヒト学」の集大成。

1300円

ぎ-1-1

現代語訳

**南海寄帰内法伝**

七世紀インド仏教僧伽の日常生活

義浄 撰

宮林昭彦
加藤栄司 訳

唐の僧・義浄がインドでの10年間にわたる留学生活で見た7世紀の僧侶の衣・食・住の実際とは。戒律の実際を知る第一級資料の現代語訳。原書は、鈴木学術財団特別賞受賞。

2500円

と-1-1

文物に現れた北朝隋唐の仏教　礪波護著

隋唐時代、政治・社会は仏教に対していかに関わり、仏教はどのように変容したのか。文物を含む多彩な史料を用いスリリングに展開される諸論は隋唐時代のイメージを刷新する。

1200円

こ-1-1

神々の精神史　小松和彦著

カミを語ることは日本人の精神の歴史を語ること。竈神や座敷ワラシ。酒呑童子、ものくさ太郎に、山中の隠れ里伝承など、日本文化の深層に迫った妖怪学第一人者の処女論文集。

1400円

み-1-1

江戸のはやり神　宮田登著

お稲荷さん、七福神、エエジャナイカ——民衆の関心で爆発的に流行し、不要になれば棄てられた神仏。多様な事例から特徴を解明し、背景にある日本人の心理や宗教意識に迫る。

1200円

さ-5-1

信仰か、マインド・コントロールか　カルト論の構図　櫻井義秀著

社会はカルトやマインド・コントロールの問題にどう対処すべきか。九〇年代以降のメディアや裁判記録などの分析を通じて、これらの問題を考えるための基礎的理論を提示する。

1100円

う-1-1

日蓮の女性観　植木雅俊著

仏教は女性蔑視の宗教なのか？　仏教史における男性観、女性観の変遷、『法華経』における提婆達多と龍女の即身成仏を通して検証し、また男性原理と女性原理について考える。

1300円

お-1-1

寺檀の思想　大桑斉著

近世に生まれた寺檀の関係を近代以降にまで存続せしめたものとは何か？　家を基本構造とする幕藩制下の仏教思想を明らかにし、近世社会の本質をも解明する。解説＝松金直美

1200円

や-3-1
## 藤原道長
山中裕著

道長の生涯を史料から叙述すると共に、人間関係を詳しく説き起こして人物像を浮かびあがらせる。既存の図式的な権力者のイメージをしりぞけ史実の姿に迫る。解説＝大津透

1200円

た-5-1
## 安倍晴明の一千年
「晴明現象」を読む
田中貴子著

スーパー陰陽師・安倍晴明はいかにして誕生したのか。平安時代に生きた晴明が、時代と世相にあわせて変貌し続ける「晴明現象」を追い、晴明に託された人々の思いを探る好著。

1200円

ふ-1-1
## 江戸時代の官僚制
藤井譲治著

一次史料にもとづく堅実な分析と考察から、幕藩官僚＝「職」の創出過程とその実態・特質を解明。幕藩官僚制の内実を、明瞭かつコンパクトに論じた日本近世史の快著。

1100円

た-6-1
## 宗教民俗学
高取正男著

民俗学の見地から日本宗教史へとアプローチし、日本的信仰の淵源をたずねる。高取正男の真骨頂ともいうべき民間信仰史に関する論考12篇を精選。解説＝柴田實／村上紀夫

1400円

み-2-1
## 天狗と修験者
山岳信仰とその周辺
宮本袈裟雄著

修験道の通史にはじまり、天狗や怪異伝承、修験者の特性と実態、恐山信仰などを考察。入手困難な記録や多様な事例から修験者の固有信仰を幅広く論じる。解説＝鈴木正崇

1200円